L'EMPIRE
ET LES CINQ ROIS

DU MÊME AUTEUR

Essais

BANGLA-DESH : NATIONALISME DANS LA RÉVOLUTION, Maspero, 1973. Réédité au Livre de Poche sous le titre : LES INDES ROUGES, 1985.

LA BARBARIE À VISAGE HUMAIN, Grasset, 1977.

LE TESTAMENT DE DIEU, Grasset, 1979.

L'IDÉOLOGIE FRANÇAISE, Grasset, 1981.

IMPRESSIONS D'ASIE, Le Chêne/Grasset, 1985.

ÉLOGE DES INTELLECTUELS, Grasset, 1987.

LES AVENTURES DE LA LIBERTÉ, UNE HISTOIRE SUBJECTIVE DES INTELLECTUELS, Grasset, 1991.

LES HOMMES ET LES FEMMES (*avec Françoise Giroud*), Orban, 1993.

LA PURETÉ DANGEREUSE, Grasset, 1994.

LE SIÈCLE DE SARTRE, Grasset, 2000.

RÉFLEXIONS SUR LA GUERRE, LE MAL ET LA FIN DE L'HISTOIRE, précédé des DAMNÉS DE LA GUERRE, Grasset, 2001.

RAPPORT AU PRÉSIDENT DE LA RÉPUBLIQUE ET AU PREMIER MINISTRE SUR LA PARTICIPATION DE LA FRANCE À LA RECONSTRUCTION DE L'AFGHANISTAN, Grasset/La Documentation française, 2002.

QUI A TUÉ DANIEL PEARL ?, Grasset, 2003.

AMERICAN VERTIGO, Grasset, 2006.

CE GRAND CADAVRE À LA RENVERSE, Grasset, 2007.

DE LA GUERRE EN PHILOSOPHIE, Grasset, 2010.

LA GUERRE SANS L'AIMER, *Journal d'un écrivain au cœur du printemps libyen*, Grasset, 2011.

L'ESPRIT DU JUDAÏSME, Grasset, 2016.

Romans

LE DIABLE EN TÊTE, Grasset, 1984.

LES DERNIERS JOURS DE CHARLES BAUDELAIRE, Grasset, 1988.

Théâtre

LE JUGEMENT DERNIER, Grasset, 1992.

HÔTEL EUROPE, Grasset, 2015.

Suite en fin de volume

BERNARD-HENRI LÉVY

L'EMPIRE
ET LES CINQ ROIS

BERNARD GRASSET

PARIS

Cornelis Massijs, *Bataille entre Abraham et Kerdolaomer*, gravure, 1545.
© Rjksmuseum, Amsterdam.

Photo de la jaquette :

ISBN 978-2-246-81681-2

© *Éditions Grasset & Fasquelle, 2018.*

Prologue

Sur des pattes de colombe, les Kurdes

1

Lorsque je fais l'inventaire des raisons qui m'ont conduit, dans cette saison de ma vie, à consacrer tant d'énergie à la cause des Kurdes et du Kurdistan, ceci me vient à l'esprit.

La justesse du combat, bien sûr. La grandeur de ce peuple dont les titres à se gouverner sont tellement plus solides que ceux de tant d'autres dans la région. Je n'ai pas la religion des Etats-nations. Mais le moins que l'on puisse demander à un monde est d'être cohérent avec ses principes. Qu'il y ait, au Proche-Orient, un Etat, né de la volonté d'un duo de diplomates franco-anglais se partageant les dépouilles de l'empire ottoman, qui s'appelle « la Syrie », je le conçois. Que l'on donne la même dignité à cette autre fiction sanglante, sans identité véritable, qu'est

« l'Irak », c'est la logique des monstres froids et il faut croire que cette logique a ses raisons que le bon sens n'a pas. Mais qu'à l'un des peuples de la région qui ont des motifs à la fois anciens et solides de croire en leurs propres droits, à l'un de ceux qui ont payé leur obstination à durer d'une somme de souffrances rare dans l'histoire moderne, on dise « vous n'existez pas ! vous êtes un peuple de trop sur cette terre ! vous n'êtes en rien fondés à demander cette indépendance qui fut, depuis plus d'un siècle, le rêve et la gloire de vos pères », voilà qui heurte le sens de la plus élémentaire équité.

La dette, ensuite. L'impayable dette que le monde a contractée à l'endroit de la seule armée qui, lorsque Daech paraît et que la région, Irak en tête, est pétrifiée de stupeur et de terreur, ose le combattre face à face. C'est parce que je savais cela que je suis, avec une petite compagnie d'amis, parti tourner un premier film, de juillet à décembre 2015, le long des mille kilomètres de front que les Peshmergas tenaient, seuls, face aux enragés de l'Etat islamique. C'est parce que je savais que ces hommes, ces femmes, car il y avait aussi, parmi eux, des bataillons de femmes, étaient la première ligne de défense, non seulement du Kurdistan, mais du monde, que je suis, un an plus tard, le jour du déclenchement de la bataille de Mossoul, reparti tourner, avec les mêmes, un second film sur la libération de la capitale du Califat. Et c'est toujours pour cette raison que j'ai accompagné ces films sur toutes les scènes où l'on a bien voulu les montrer ; que j'ai porté le premier jusque dans l'enceinte, ô combien symbolique, des Nations unies à New York ; et que j'ai vécu ces deux années à l'heure des Peshmergas et de leur espérance. Ces combattantes et ces combattants étaient, face aux barbares, les sentinelles, les avant-postes, les boucliers du monde. Avec mes compagnons de tournage, nous estimions essentiel que cela se sache et voulions, parmi d'autres, en être les témoins.

Parmi les raisons de cet engagement, il y a, encore, ce combat pour un islam des Lumières dont je me rends compte, à mesure que j'avance, qu'il aura été l'une des grandes affaires de mon existence. Il m'a mené dans les rizières du Bangladesh, à 20 ans. Dans les déserts de Libye, quarante ans plus tard. Il m'a conduit dans l'Afghanistan du commandant Massoud, en défense des héritiers de Hafez, de Rûmî et des *Roses d'Ispahan*. Dans le Pakistan des tortionnaires de Daniel Pearl et de ceux qui, de Lahore à Karachi, l'ont pleuré comme s'il était leur frère. Il m'a plongé et retenu dans Sarajevo, pendant les quatre années de la guerre serbe, où c'est toujours lui, l'islam de tolérance et de paix, qui animait les résistants bosniaques non moins que leur chef, Alija Izetbegovic. Il m'a ramené en Algérie, terre de ma naissance, au moment où des émirs illettrés semaient partout la terreur et où il fallait encourager, fournir en munitions idéologiques, celles et ceux qui résistaient, parfois hors de l'islam, mais le plus souvent de l'intérieur, au poison mortel de l'islamisme. N'était-il pas logique que le même combat, le même désir de peser dans cette guerre de civilisations qui oppose l'islam des docteurs à l'islam des assassins, me guidât un jour vers ces montagnes kurdes où l'on croit à la démocratie et au droit, à l'égalité entre femmes et hommes jusque sur les champs de bataille, à la laïcité, à la pluralité des croyances et à l'obligation sacrée de protéger les chrétiens, les yézidis, les musulmans chiites et les juifs ?

Il y a eu, au cœur de cette saison, le goût des choses même que j'ai, depuis ma jeunesse normalienne, toujours considéré comme le plus sûr garde-fou contre l'esprit de système, tentation fatale des amoureux de la pensée. Husserl contre Althusser... *Les Indes rouges* quand menaçait le théoricisme de l'après-1968... Sartre, bien sûr... Foucault et la grande colère des faits... Polybe, l'historien à cheval, présent au siège de Carthage, et qui pensait, comme Héraclite, que l'« œil » est supérieur à l'« oreille », l'« autopsie » au « témoignage » et que mieux vaut, pour écrire l'Histoire, l'avoir un peu vécue... Polybe dont on nous enseignait, dans les khâgnes du siècle dernier, qu'il avait un adversaire, un seul, auquel il consacra tout un livre de ses *Histoires* : l'illustre Timée, dont l'œuvre s'est perdue mais dont nous savons qu'il le tenait, lui, Polybe, pour le prototype de l'historien couché, du rat de bibliothèque et d'archives, du compilateur « sans danger ni fatigue » des récits d'autrui... J'étais, en ce temps-là, du parti de Polybe contre celui de Timée. Et si j'ai décidé, très tôt, d'aller voir de mes yeux, chaque fois que je le pourrais, le théâtre vrai de la cruauté des hommes, c'est en pensant à Polybe autant qu'à Joseph Kessel, Lee Miller ou Vassili Grossman. Presque un demi-siècle plus tard, je n'ai pas changé d'avis.

Et puis le goût des lointaines équipées qui m'est venu, lui aussi, à l'âge d'homme et qui fait que je n'ai jamais pu mettre un penseur, si fécond soit-il, au-dessus de ce type d'écrivain qu'un grand Français Libre, Roger Stéphane, nomma « l'aventurier » dans un petit livre – *Portrait de l'aventurier*, préface de Jean-Paul Sartre – qui aura été l'un des bréviaires de ma génération. Ecrivains stratèges comme, encore une fois, Polybe

11

dont on disait qu'il était expert en cryptage des signaux et capable, avant l'assaut d'une forteresse, de calculer l'exacte hauteur des échelles à partir de l'ombre portée de la muraille d'enceinte... Hommes d'action, tel Lawrence, faisant aboutir sa geste folle et conquérante dans un monument de sable et de rêve de la dimension des *Sept Piliers de la sagesse*... Le Hemingway de *En ligne*... Les écrivains combattants, tels Orwell en Catalogne, Malraux dans son Latécoère en Espagne, ou Gary dans le bombardier « Boston » de l'escadrille Lorraine... Les écrivains mercenaires, tel Xénophon mettant son art militaire au service de Cyrus en guerre, puis tirant de l'interminable retraite de ses Dix Mille la matière de cette bible des causes perdues qu'est l'*Anabase*... L'ascèse de Byron à Missolonghi... Le faste de Maurice de Saxe que son théâtre de campagne régale, à la veille des victoires de Prague et de Fontenoy, d'une grande pièce du répertoire et qui donne à un traité d'art militaire le très rousseauiste titre *Mes rêveries*... La vie passe. Les modèles restent. Ce sont eux qui m'habitaient quand je représentais à Massoud Barzani qu'entrer effectivement dans Mossoul et y planter le drapeau kurde serait aussi décisif, pour son peuple, que le fut pour les tribus de Fayçal la prise d'Aqaba – hélas... Et c'est encore eux que j'avais en tête lorsque je suivais les colonnes poussiéreuses et sans fin montant vers le Sinjar ou que je bivouaquais, aux monts Zartik, avec un jeune général aux cheveux blancs, brave mais si vulnérable, que je tentai en vain de convaincre de renforcer le toit de sa casemate – au moins ai-je pu, dans *Peshmerga*, archiver ses derniers instants.

2

Sur certaines de ces raisons, je me suis exprimé ailleurs.

Sur d'autres, les plus intimes, je me réserve de revenir, un jour, plus longuement.

Mais il y en eut une autre, la dernière, peut-être la plus importante, qui est à l'origine de ce livre.

J'ai vu se produire, au terme de ces deux années d'aventure, un événement qui, à la réflexion, est très extraordinaire.

Le président Barzani, chef des Peshmergas, a fini par estimer que le temps des sacrifices sans retour était clos et a jugé l'heure venue de rappeler à la communauté internationale la promesse qu'il y a un siècle, dans la lettre et dans l'esprit des traités de Sèvres et de Trianon, elle avait faite au peuple kurde.

Il a donc pris l'initiative d'une consultation populaire dont il n'a cessé de répéter, de

Souleymanieh à Erbil, qu'elle n'avait pas vocation à être suivie par une déclaration d'indépendance unilatérale et que son véritable objectif était d'engager le dialogue avec un Etat fédéral qui, de son côté, à Bagdad, ne respectait plus, depuis longtemps, qu'une infime partie de ses obligations constitutionnelles et budgétaires.

Voilà qu'à cette offre de dialogue, le pouvoir fédéral en question répond par une série de mesures punitives, suivies d'un blocus total du pays, lui-même suivi par l'invasion en bonne et due forme de la zone de Kirkouk, poumon pétrolier du pays.

Et voilà surtout qu'à cette invasion, à cette offensive surprise planifiée, entre Téhéran et Bagdad, dans le plus grand secret, à cette attaque où l'on chargea à dix contre un et où, comme si cela ne suffisait pas, l'on fit donner les tanks contre les hommes, les alliés historiques du Kurdistan, ses nations sœurs en démocratie, celles qui, la veille encore, n'avaient que le nom des Peshmergas à la bouche, ne trouvent, apparemment, rien à redire.

On enfume et ratonne les maisons kurdes de Kirkouk. On viole. On torture. On saigne, jusqu'à ce que mort s'ensuive, notre camarade, le cameraman Arkan Sharif, à qui on plante, avant de l'abandonner, un couteau de cuisine dans la gorge. Les chars, la ville prise, avancent sur Erbil que les Peshmergas, dos au mur, et jetant toutes leurs forces dans la bataille, parviennent à protéger. Et la communauté internationale, Amérique en tête, ne lève pas le petit doigt pour empêcher cette indignité.

Ce n'est certes pas la première fois que pareille forfaiture se produit.

Et, soit par tradition familiale, soit par mémoire immédiate, soit, pour la dernière période, par expérience directe, je sais qu'il y a, dans la relation que les démocraties entretiennent avec la guerre, la source d'une faiblesse suicidaire et que nous avons pour premier réflexe, quand sonne le tocsin et que des adversaires bien armés, fortement déterminés, foulent nos valeurs aux pieds, de ne surtout pas bouger.

C'est l'histoire du Front populaire espagnol de 1936 que l'on laisse honteusement tomber de crainte de fâcher Mussolini et Hitler.

C'est celle, en 1953 à Berlin, en 1956 à Budapest, en 1968 à Prague, en 1981 à Varsovie, de ce « bien entendu nous ne ferons rien » prononcé en fin de partie mais qui était, dès le début, la devise secrète d'une Europe tétanisée à la seule idée d'avoir à affronter l'Armée rouge.

C'est l'histoire de l'abandon, quatre ans durant, de 1992 à 1995, de Sarajevo assiégée par les milices serbes.

Sauf qu'ici, à Kirkouk, il n'était plus question d'Armée rouge.

Ni d'armée mussolinienne ou hitlérienne.

Ni même de cette armée serbe qui passait, bien sûr à tort, mais qui passait tout de même pour l'une des meilleures d'Europe.

C'était juste l'armée d'Irak.

C'était la même armée, certes rééquipée, qui avait, deux ans plus tôt, fui devant Daech.

C'était la meme mauvaise troupe, démunie de culture militaire et patriotique, minée par les rivalités sectaires entre majorité chiite et minorités sunnite, kurde ou chrétienne, qui n'aurait pas résisté vingt-quatre heures à une semonce occidentale.

Or, c'est devant cette armée qu'Européens, mais surtout Américains, se sont couchés.

Pire, ce sont leurs propres armes, ce sont les chars Abrams flambant neufs qu'ils avaient eux-mêmes livrés dans le cadre de la lutte commune contre Daech que les conseillers et forces spéciales US, toujours présents sur le terrain, ont laissé retourner contre les Kurdes.

Et l'on assista à l'ahurissant spectacle de la première puissance mondiale acceptant de voir défait et humilié son allié le plus précieux dans la région ; on vit le même président Trump qui venait de sacrer Téhéran ennemi principal dans l'Orient compliqué ne rien trouver à objecter à ce que le général deux étoiles Qassem Soleimani, chef de la force Al-Qods, l'unité d'élite des Gardiens de la révolution en charge des opérations extérieures de l'Iran, puisse aller, venir, parader, se faire photographier, se conduire en terrain conquis sur le champ de bataille ; et j'ai moi-même rapporté, sans que cela fût démenti, l'incroyable scène au cours de laquelle, à Kirkouk, le soir du combat décisif, autour de 20 heures, un autre haut gradé venu d'Iran hurla, le doigt sur une carte, devant des officiers kurdes atterrés, « si vous refusez de vous rendre, je vous attaquerai ici, et ici, et ici » – et ce, à quelques centaines de mètres de la base aérienne K1 où étaient stationnés des conseillers américains.

Pour les Kurdes, cette non-intervention fut perçue comme une terrifiante énigme.

Je ne suis pas près d'oublier, à cet égard, l'air d'incrédulité stupéfait de Netchirvan Barzani, neveu du président, et lui-même Premier ministre, la nuit où, à Erbil, entouré de son état-major, il comprit que Bagdad allait mettre à exécution ses menaces de blocus. Chacun, dans le brouhaha général, y allait, l'un de son analyse rassurante sur l'entremêlement d'intérêts qui faisait qu'aucun des protagonistes ne gagnerait à l'escalade ; l'autre, d'une recherche Google frénétique des dispositions du droit sur la navigation aérienne que l'Irak s'apprêtait à violer ; l'autre encore, d'une considération flegmatique sur l'éternel retour du malheur kurde et sur la perspective d'avoir à reprendre le chemin de ces montagnes dont on aime dire, à Erbil, qu'elles sont, par tradition, les seules vraies amies des Peshmergas. Mais Netchirvan Barzani entreprit d'appeler, pour les alerter, les capitales alliées et s'aperçut qu'il n'y avait, à cet instant, personne au bout de la ligne. Il passa alors de la stupeur à la fureur. Une rage froide lui durcit soudain les traits qu'il avait juvéniles et doux. Il n'était plus le dirigeant moderne, l'heureux du monde, le prince cosmopolite à l'anglais oxfordien dont l'ambition, lors de nos précédentes rencontres, semblait être de conduire son peuple jusqu'aux rivages d'une prospérité singapourienne. Le tragique du destin kurde le rattrapait. Il avait une voix sèche, dure, et les yeux dilatés par l'affront. Et apparaissait sur son visage un air de férocité maîtrisée dont j'aurais juré qu'il n'était pas à lui mais qu'il lui revenait de tel aïeul dont chaque Kurde tient en réserve la geste souffrante et héroïque – à plus forte raison lui, dont nous savions tous, autour de la table, qu'il était le petit-fils de Mustafa Barzani, père de la nation et de son école de résistance.

Et je n'oublierai pas non plus comment, le lendemain matin, ayant tenu à revenir sur les anciens fronts de Gwer et des monts Zartik où avait donc soufflé, un court instant, le vent de l'émancipation, je fus saisi par la sidération, la tristesse des regards embués par des larmes refroidies mais, surtout, la colère, encore la colère, de ces hommes que j'avais laissés, l'avant-veille, échangeant joyeusement leur kalachnikov contre un bulletin de vote et, le doigt levé, taché d'encre en signe qu'ils avaient voté, conscients de vivre un moment historique : je les retrouvais, là, en train de comprendre, mais trop tard car les chars Abrams étaient en route, qu'ils allaient devoir reprendre les fusils. « L'Amérique nous a trahis », lança, lorsque nous arrivâmes dans la zone d'Altun Kupri, à soixante kilomètres d'Erbil, où l'armée irakienne massait déjà ses forces, une cohue de volontaires construisant, sous un soleil implacable, collée à l'ombre des arbres, une ligne de défense improvisée ! « Pourquoi l'Amérique nous a-t-elle vendus, et combien, et à qui ? » Mais la clameur se perdit dans le fracas térébrant des pick-up que l'on manœuvrait pour en faire un rempart d'acier capable de retarder la progression des chars – puis dans les mesures, chantées à tue-tête, mais entrecoupées par le vent, d'un hymne patriotique où ne se détachaient que de sonores et sombres « Vive le Kurdistan ! » qui me dispensèrent de répondre.

3

Qu'aurais-je pu dire, de toute façon, à ces combattants électeurs ivres de révolte ?

Je pensais, comme eux, qu'il y avait dans cette affaire un indéniable parfum de trahison.

Comme eux aussi, j'étais choqué par le mélange d'amateurisme, d'inconséquence, d'absence de vision de l'Administration américaine.

Mais plus les heures passaient et plus je me demandais s'il n'y avait pas autre chose dans cet octobre noir et si l'on n'était pas en train de vivre un événement, un vrai, plus chargé de sens qu'il n'y paraissait, venant de plus loin, allant plus loin et attestant, par-delà la seule scène du Kurdistan, d'un mouvement de grande ampleur que la félonie d'une grande puissance ne suffisait pas à expliquer.

Car il y a des événements comme cela.

Ils arrivent à pas de loup.

Nietzsche disait « sur des pattes de colombe ».

La différence entre les colombes et les loups est que les premières apportent la paix alors que les seconds n'entrent dans les villes – et ce fut, ô combien, le cas à Kirkouk – que pour y répandre la tempête et la dévastation.

Mais leur point commun est qu'on ne les entend pas venir et qu'il faut une troisième oreille pour, dans les deux cas, distinguer, derrière « la voix la plus silencieuse » (Nietzsche), ou la « voix de fin silence » (premier livre des Rois), l'écho de la déflagration muette, du tumulte sans tapage et, parfois, du basculement dont ils sont le symptôme ou l'annonce.

Qui prit la mesure de ce qui se passait le jour, au IVe siècle avant J.-C., où le « bataillon sacré » de Thèbes tailla en pièces, à Leuctres, lieu perdu de Béotie, quatre cents « Egaux » spartiates qui étaient, eux aussi, comme les Peshmergas, des hommes qui allaient « au-devant de la mort » ? Il restait à Sparte des chefs incontestés ; des institutions de marbre, qui faisaient l'admiration du monde ; une deuxième armée, invaincue et intacte ; mais cette minuscule bataille sonnait, en réalité, le glas de l'hégémonie lacédémonienne sur la Grèce.

Qui, trente-trois ans plus tard, à la bataille de Chéronée, alors que tous les commentateurs, oracle de Delphes compris, n'avaient d'yeux, d'oreilles et de mots que pour la cavalerie de Philippe II de Macédoine anéantissant le même « bataillon sacré » thébain, était capable de distinguer que c'était Athènes la vraie cible ? Athènes la vraie vaincue ? et que le renversement capital, l'événement gros d'avenir, c'était le commencement du reflux pour l'empire de Solon, Miltiade et Thémistocle ?

Et la bataille de Pydna, aux confins de la Thessalie, au IIe siècle avant notre ère ? Ce fut une offensive éclair (une heure), qui aurait parfaitement pu ne pas avoir lieu (c'est un cheval échappé des lignes romaines qui, tentant de traverser le fleuve, déclencha le premier accrochage et donna à croire au roi Persée que l'adversaire faisait mouvement). Qui, sur l'instant, comprit que c'était au tour des Macédoniens de se voir infliger une défaite historique ? à eux de lâcher la corde et de céder la place aux Romains ? qui, parmi les chroniqueurs du moment, comprit que le rêve d'Alexandre s'évanouissait ?

Il y a des événements rugissants, qui sont des simulacres d'événement.

Mais il y en a d'autres, qui n'ont l'air de rien et qui sont, en vérité, comme une foudre qui a mis du temps à tomber, dont l'onde va mettre du temps, beaucoup de temps, à se propager et qui vont relancer, comme jamais, le cours de l'Histoire.

Eh bien, c'est cela que je ressentais.

Quand je pris le dernier avion autorisé à

décoller pour l'Europe avant que n'entre en vigueur le blocus irakien et que le Kurdistan ne devienne la prison à ciel ouvert qu'il est toujours à l'heure où ce livre paraît, j'en étais même persuadé : on était dans une configuration de même sorte ; ce qui se passait à Erbil était bien davantage que le seul effet de la légèreté d'un président Trump laissant s'ajuster « les lointaines provinces de l'Empire » ; quelque chose était en train de se jouer qui, dans la relation de l'Amérique à ses alliés, à ses partenaires et à elle-même, ne cadrait plus avec l'ordre ancien.

Arrivé à Paris, je m'informai de qui avait dit quoi dans les débats, au Conseil de sécurité des Nations unies, autour de la « déclaration » puis de la « résolution » initiées par la France mais qui furent vidées, après intervention de la Chine et de la Russie, de leur substance.

J'entrai en possession du mémorandum adressé au président Barzani, quelques jours avant le référendum, par le Secrétaire d'Etat, Rex Tillerson, et où celui-ci prétendait, tout à coup, avoir pleine conscience du rôle joué par les Peshmergas dans la résistance à Daech et, donc, de la gratitude qui leur était due.

J'eus vent d'une autre lettre de Tillerson adressée, elle, après le vote, au Premier ministre irakien Abadi et lui demandant, tard, beaucoup trop tard, de cesser le feu, de saisir la main tendue par les Kurdes et d'ordonner aux milices chiites à la solde de l'Iran de quitter le territoire.

Bref, recomposant les dernières pièces du puzzle, je découvris que, presque pire que la non-intervention, l'aveuglement, la trahison, etc., fut le moment où l'Amérique décida de s'émouvoir, sembla prendre la mesure de la déroute qu'elle était en train de s'infliger et donna enfin, timidement, de la voix – mais où sa parole tomba à plat et fut ignorée.

Ma conviction, dès lors, était forgée.

La Fortune, comme dirait une fois de plus Polybe, agissait comme un auteur de tragédie s'emparant, pour improviser ses péripéties, ses coups de théâtre et ses renversements, de la médiocrité de l'un (président d'une « America First » indifférente aux affaires trop lointaines), des erreurs tactiques de l'autre (grand Peshmerga mais politique trop confiant) ou de l'ubris du troisième (Premier ministre irakien ivre de découvrir que sa fermeté face aux Kurdes lui offrait, à Bagdad, une gloire sans commune mesure avec celle qui lui était venue de l'effondrement de Daech).

Pour qui croyait à l'Histoire universelle, c'est-à-dire à la nécessité, ainsi que le recommandait un autre Grec, de raconter l'histoire du monde « comme si c'était celle d'une seule cité », il était clair que cette bataille sans relief, et qui n'intéressait personne, était, comme à Leuctres, comme à Chéronée, comme à Pydna, l'occasion d'un vaste rééquilibrage des prestiges et des dissuasions où l'on voyait l'Amérique, comme dévitalisée, perdre son ascendant – et des puissances adverses, enhardies, pousser leur avantage et improviser une redistribution, sans précédent, des régimes d'autorité.

Un Iran qui faisait mouvement.

Une Turquie se sentant autorisée à ne plus tricher avec la haine que lui inspire, presque à égalité avec le peuple arménien, cet autre peuple en trop qu'est, à ses yeux, le peuple kurde.

Une poignée d'Etats sunnites qui, à l'instar de l'Arabie saoudite, ne cachent plus leur indifférence envers ce petit peuple, non arabe.

Une puissance (la Russie) et une hyperpuissance (la Chine) qui font tout ce qu'elles peuvent pour que soit, aux Nations unies, étouffée la voix de ce peuple.

Bref, cinq grands ou très grands pays dont on pourra toujours objecter que ce qui les sépare compte plus que ce qui les rassemble ; ou qu'ils influent moins sur le cours du monde que d'autres, comme l'Egypte ou l'Inde, dont je ne parlerai pas ; mais c'est le choix de ce livre ; ce sont les cinq que j'ai vus manœuvrer, sur cette scène, pendant ces jours redoutables ; ce sont cinq royaumes que je nomme ainsi en référence à une histoire biblique de « guerre de l'empire et des cinq rois » qui m'avait toujours intrigué mais qui, ici, prenait son sens ; ce sont cinq Rois qui ont en commun d'avoir agi, face à cette situation kurde, comme si l'Empire ne comptait plus, comme si nous entrions dans un monde sans les Etats-Unis – ou comme si nous revenions à un temps vertigineux et, pour ainsi dire, *précolombien* où l'Amérique n'existait pas.

Le Kurdistan comme un miroir.

La bataille de Kirkouk, comme un point où se concentrent et se réfractent des forces éparses, à l'œuvre depuis longtemps, mais qui, là, tout à coup, conspirent pour dessiner les contours d'un nouvel ordre du monde.

Il y aura eu un moment ou, plus exactement, une époque Kirkouk – étant entendu qu'époque signifie aussi, en grec, arrêt, mise en suspens des repères et certitudes en vigueur, césure, spasme et, peut-être, nouveau départ.

Advient un temps qui n'est plus celui qui avait surgi de la mort du communisme, du triomphe des valeurs libérales et de l'annonce d'une fin de l'Histoire à laquelle je n'ai, pour ma part, jamais cru mais qui commence de prendre, ici, son visage véritablement sinistre.

J'ai vu passer, à Erbil, le mauvais esprit du monde.

Première partie

DERNIÈRES NOUVELLES DE L'EMPIRE

CHAPITRE 1

Le fantôme de Hegel

Car que s'est-il passé, à Kirkouk ?

On peut toujours, bien entendu, invoquer un égarement provisoire.

On peut mettre la faute sur le dos d'un président américain inconséquent ou ignorant.

Pour avoir un peu vécu aux Etats-Unis, y avoir beaucoup voyagé et leur avoir consacré, il y a douze ans, sur les traces de Tocqueville, un essai qui disait déjà l'inévitable « vertige » saisissant l'observateur amical, j'ai une explication à la fois plus simple et, hélas, plus inquiétante.

L'histoire, d'abord, vient de loin.

Et il ne faut jamais perdre de vue que rien n'est moins naturel à ce pays que la position de gendarme du monde, de protecteur des valeurs démocratiques ou, simplement, de loyal allié de ses alliés à laquelle je lui reproche d'être en train de renoncer.

Je me souviens des lignes consacrées par Hegel, dans ses *Leçons sur la philosophie de l'Histoire*, à l'Amérique naissante.

L'invention de ce pays, disait-il en substance, est, certes, un événement majeur.

Son apparition s'inscrit dans le grand mouvement linéaire qui va d'est en ouest et qui s'appelle l'Histoire universelle.

L'extrême Ouest qu'est l'Amérique étant la fin de ce mouvement, c'est là, insistait-il, que se dénouera l'inexorable intrigue qui fait que les nations, à coups de batailles et de conquêtes, de contradictions vécues et dépassées, de scissions, de réconciliations, d'actes héroïques ou de négativités sacrifiées, naissent, croissent et s'éteignent.

A une réserve près, ajoutait-il – mais de taille.

C'est un pays trop grand, presque vide, où la terre semble une mer et où les paysans sont comme des marins naviguant sur des vagues de sable ou de roche qui, comme « en Australie », peinent à « s'élever hors de l'eau » et de son « abîme sans fond ».

C'est un pays de « friches » et de « rivages », de « fleuves énormes qui ne sont pas encore arrivés à se creuser un lit et qui s'achèvent en plaines de roseaux », c'est un pays « maritime » où l'immensité de l'espace dicte sa loi à un peuple de bergers qui galopent avec leurs troupeaux au son

d'une cantilène qui ressemble moins à une bal-
lade country qu'à une chanson de bord océanique
entonnée par des baleiniers.

C'est le pays – mais à l'envers – que décrira
Melville quand, plus tard, dans *Moby Dick*, il verra
dans le roulement des vagues de l'océan sous la
surface duquel bat le cœur de la baleine blanche
une étendue, non pas d'eau, mais de vierges
vallons « longuement étirés » ; une cascade de
collines « douces et bleues » aux « herbeuses clai-
rières » ; et une « prairie ondulante » où, au lieu
de l'« écume » et des « frises » que la mer dessine
par gros temps, cavalent les chevaux de la ruée
vers l'ouest dont « seules pointent les oreilles tandis que leurs corps avancent péniblement dans
une étonnante verdure ».

En sorte que l'Amérique, selon le philosophe
de l'Histoire universelle parlant, en le renversant,
comme le premier grand romancier de la pastorale américaine, est finalement le lieu (herbes
ou vagues, peu importe ! diligences dévalant les
vallons ou, terre par-dessus mer, canoës de bou-
leau dansant sur la langueur des lames immenses,
c'est pareil !) d'un « mouvement perpétuel », d'un
« déversement constant », d'une « migration » semblable à un « écoulement naturel », d'une « impos-
sibilité à se fixer » qui font que rien de durable
ne parvient à s'y édifier.

31

Cela est vrai des maisons dont Sartre (qui se montrait, là, un hégélien – melvillien ? – conséquent) notera, dans son grand retour d'Amérique, publié au lendemain de la Seconde Guerre mondiale et repris dans le deuxième volume des *Situations*, qu'elles ont toujours un côté sommaire, presque fruste, posées à même le sol, fragiles, provisoires, comme des roulottes ou un campement.

Cela est vrai des villages dont le voyageur venu d'Europe et habitué aux bourgs chargés d'histoire, enracinés dans un sol lourd, bien centrés, finit toujours par se dire : on croirait des séjours suspendus et des agglomérations en sursis ; on s'attend à ce qu'elles soient, à tout moment, démontées, transportées ailleurs, métamorphosées ; elles sont là, habitées, animées, vivantes, mais c'est comme si elles étaient déjà en route vers leur destin de *ghost town*.

Mais cela est également vrai de l'Etat qui est, en bon hégélianisme, la forme aboutie de la maison, du bourg, du séjour, de l'agglomération, de la nation et qui ne trouve pas sur cette terre, lui non plus, les conditions nécessaires à une « puissance assise ».

Et Hegel de conclure qu'une telle Amérique est bien la continuation de l'Europe ; qu'elle est certainement, comme on le pressent déjà un peu partout, le « pays de l'avenir » ; qu'on peut même admettre, comme l'écrira bientôt Tocqueville, qu'un « dessein secret de la Providence » l'appelle à tenir « dans ses mains les destinées de la moitié du monde » et à devenir, à terme, le visage de « l'universel » ; mais c'est un universel à terme, justement ; c'est un universel à venir et, pour l'heure, immature ; c'est un universel inadapté, insuffisant et qui, pour un temps qui peut durer très longtemps, n'incarne qu'à demi l'universel majuscule de l'Esprit ; en sorte que, si l'on convient d'appeler « prédication » la parole par laquelle une puissance historique dit son rapport à l'universel, si l'on consent à qualifier « impériale » la façon dont cet universel affecte le reste de la planète et, si possible, s'impose à elle, la parole de l'Amérique ne peut être qu'à demi impériale car à demi prédicative.

Elle a sa force et sa puissance.

Elle a mené toutes sortes de guerres victorieuses.

Elle enfantera des artistes, des écrivains, des savants, des chasseurs de baleine, des héros et des monstres, des esclaves et des maîtres, qui se livreront une guerre sans pitié.

Mais il lui a manqué, et il lui manquera longtemps, quelque chose de cet éclat, de cette certitude de soi, peut-être de cette ubris, qui firent la puissance absolue de la France du XVIIe ou de l'Italie de la Renaissance – il lui a manqué, et il lui manquera toujours, la griffe, ou la gifle, de la totale autorité.

Je me souviens de la circonstance où j'ai découvert ces pages de Hegel et je veux, pour la clarté des choses, revenir sur ce moment.

Nous sommes à la veille de Mai 1968.

Je suis hypokhâgneux au lycée Louis-le-Grand dont je sèche les cours de philosophie, trop convenus, pour courir au Collège de France où officie, pour la dernière année, le philosophe Jean Hyppolite qui a donné à la langue française la première vraie traduction de Hegel et qui en produit, depuis, l'inlassable et savant commentaire.

Je viens également, par mon père qui s'était adressé à l'helléniste Jean-Pierre Vernant (ancien, comme lui, de la France Libre) qui m'avait lui-même adressé à Louis Althusser (son camarade au Parti communiste et mon futur maître), de rencontrer Benny Lévy (ainsi devenu, pour un temps court, mais à l'extrémité d'une chaîne d'amitié dont le caractère prédestiné m'émerveille encore cinquante ans après, mon répétiteur de philosophie).

Et il y a donc un jour où, dans un café près du Collège de France, en compagnie de deux autres lycéens et d'un Benny en phase d'affûtage des concepts constitutifs d'un maoïsme qu'il voulait aussi philosophiquement exemplaire qu'exemplairement radical, je me retrouve face à ce professeur légendaire qui, la voix rauque et légèrement voilée par l'abus de tabac, mimant du geste, tel un chef d'orchestre, les triades hégéliennes (ou marxiennes), entreprend, texte en main, de nous raconter l'Amérique selon Hegel.

C'était un temps où, il faut le préciser, le nom de ce savant austère, Jean Hyppolite, figurait aux côtés de ceux, de même trempe, du logicien Jean Cavaillès, de l'historien des sciences Georges Canguilhem ou de l'autre grand commentateur de Hegel, Alexandre Kojève, au fronton du panthéon de penseurs qu'avaient en tête les jeunes esprits les plus radicaux.

C'était un drôle de temps où, pour paraphraser un, ou plutôt deux poètes français, l'on était à la fois déraisonnable et raisonneur, révolté et logique et où, plus la mathématique était sévère, plus la science était inflexible, plus nos professeurs semblaient des chiens de scientificité pistant, à la façon de Jacques Lacan dans sa « prosopopée de la vérité » de 1955, la vérité stricte et nue – et plus, en vertu d'un renversement qui n'avait, pour le coup, pas grand-chose de dialectique, ils semblaient mobilisables dans la petite armée de ceux qui allaient, avec nous, casser en deux l'histoire du monde.

Il y avait là, pour les jeunes gens que nous étions, une « épistémè » paradoxale où la rigueur était parente de la rébellion, où les canons du savoir semblaient garants du désir de révolution et où les analyses les plus abstraites, éthérées, détachées des enjeux politiques immédiats, nous apparaissaient nimbées d'une signification métaphorique cryptée et secrètement adressée aux bons entendeurs que nous étions. Derrière la coupure épistémologique, nous entendions la révolution prolétarienne. Sous le pavé de l'*Histoire de la folie à l'âge classique*, il y avait la plage de cendre des sans-nom et sans-aveu que nous rêvions de découvrir. Et quand Jean Hyppolite, avec sa mâchoire forte et ses traits massifs mais toujours en mouvement qui le faisaient ressembler à un Jean Gabin inquiet, nous parlait de l'Amérique semi-prédicative selon Hegel, quand il nous parlait de son empire embarrassé et de sa gêne à prédiquer, nous ne pouvions que le croire sur parole et, dans cette parole, entendre un démenti à l'idée en vogue dans les sectes gauchistes, notamment trotskistes, avec lesquelles nous étions en rivalité et ne voulions surtout pas être confondus. Toutes en tenaient, comme les populismes d'aujourd'hui, pour un impérialisme américain tentaculaire, diabolique, tout-puissant, et responsable de tous les maux du monde. Pas nous.

Il est toujours utile de se souvenir du chemin qu'ont pris les vérités pour arriver et se cheviller au corps de nos convictions.

En l'espèce, c'est ainsi que la chose s'est no
– dans ce dialogue d'auditeurs libres avec un Je
Hyppolite qui se fichait, certes, de la volonté des
maoïstes du Quartier latin d'incarner, face aux
bateleurs des anciennes Internationales, on ne sait
quelle aristocratie révolutionnaire mais qui nous
inspirait, comme Althusser, comme Canguilhem,
comme le fantôme de Cavaillès, un tel respect que
sa parole était d'or.

Je me fais honneur de n'avoir, depuis lui, jamais
trempé dans ce péché contre l'esprit qu'est l'anti-
américanisme.

Je n'ai, depuis ce jour, jamais pensé que l'Amérique fût cette puissance maléfique en train de
construire un empire du type de ceux qu'ont bâtis,
avant et après elle, toutes les vraies puissances
coloniales. (Bien sûr, le crime fondateur que fut
le massacre des Indiens : mais n'a-t-il pas été pensé
depuis ? n'en a-t-on pas décrété solennellement le
deuil ? et la fameuse *political correctness* qui a fait,
sur d'autres terrains, tant de ravages n'a-t-elle pas
trouvé là l'une de ses applications les plus nobles ?
Bien sûr, la lumière de sang longtemps projetée
par la pratique tranquille de l'esclavage : mais vint
la guerre de Sécession, puis Martin Luther King,
puis, enfin, Barack Obama…)

Et s'il y a un piège dans lequel, depuis les manifestations contre la guerre du Vietnam où j'ai fait mon

éducation politique jusqu'à l'élection de Donald Trump, je ne suis, grâce à l'abrupt et modeste Hyppolite, jamais tombé, c'est cette dénonciation hystérique, cette satanisation, cette hypostase maligne d'une « Amérique intérieure » dont le concept même m'apparaît, depuis *L'Idéologie française* au moins, comme l'un des sûrs marqueurs du pire.

Ce n'est pas seulement que, pesés au trébuchet du mal et du bien que font les hommes, Hiroshima, la dictature au Brésil, au Chili et dans le reste de l'Amérique latine, le napalm au Vietnam, America First, comptent moins que le rôle des Etats-Unis dans les deux guerres mondiales, le double sauvetage de l'Europe, la punition des massacreurs de Bosnie, la libération du Kosovo, la guerre contre les Talibans en Afghanistan ou le combat, jusqu'au Kurdistan exclu, contre l'islamisme radical dans le monde.

Mais c'est que, philosophiquement, dans l'ordre de l'esprit et de la vérité, s'est, très tôt, imposée à moi cette proposition hyppolitienne que va, d'ailleurs, très vite confirmer l'un de ces maîtres, non à penser, mais à vivre qu'était pour moi André Malraux quand il déclara, dans une lettre au président des Etats-Unis de l'époque, quelques semaines après son départ prévu pour le Bangladesh et alors que je m'y trouvais, moi, déjà : « les Etats-Unis sont le premier pays devenu le plus puissant du monde sans l'avoir cherché ; Alexandre voulait être Alexandre, César voulait être César, vous n'avez jamais voulu être les maîtres du monde » – allez-vous laisser faire pour autant, continuait-il, « que le pays de la déclaration d'Indépendance écrase la misère en train de lutter pour sa propre indépendance ? ».

Malraux désapprouvait (que l'Amérique de Nixon, alliée au Pakistan, n'usât pas de sa force pour stopper le massacre des Bengalais).

Hyppolite ne jugeait pas, il constatait (que l'Amérique était ainsi : modeste, réticente à s'imposer et, en vertu d'une loi qui tenait à sa venue singulière dans l'aventure de l'être et de l'esprit, condamnée à une puissance semi-prédicative).

Mais il y avait là – Malraux... Hyppolite... – une autre de ces conjonctions astrales où se décide le destin d'un jeune homme.

Car la proposition, validée par un maître de vérité *et* par un professeur de courage, par l'un de ces limiers que la prosopopée lacanienne déclarait avoir lancés aux trousses sanglantes d'Œdipe *et* par l'un de ces grands aventuriers dont le profil lumineux me guide depuis mes vingt ans, acquérait force de loi.

Les Etats-Unis sont une puissance, mais qui ne s'est jamais résolue à l'empire.

C'est un empire, si l'on y tient, mais difficile, récalcitrant, dont la noblesse – ou la faiblesse, c'est selon… – a toujours été de renâcler à l'impérialisme.

Ou alors un impérialisme, d'accord, quand il n'y a pas moyen de faire autrement – mais gauche, maladroit, à la main parfois trop lourde ou, au contraire, dégainant trop vite.

Ou alors un impérialisme, oui, forcément, quand il n'y a plus que vous pour faire face aux nazis – mais immature, adolescent, comme le diront, du reste, les Américains eux-mêmes dans l'incroyable lapsus qui leur fit nommer « Little Boy » la bombe d'Hiroshima.

C'est un empire qui, quoi qu'il en soit, fait exception à cette impérialité décomplexée, rythmée par des guerres de conquête, qui fut le principe commun à la succession des empires depuis Polybe (Perse, Lacédémone, Macédoine, Rome) ou le prophète Daniel (qui y ajoute Babylone).

En sorte qu'il n'est pas exclu qu'avec son retrait d'aujourd'hui, l'Amérique renoue avec un état qui lui serait, somme toute, plus naturel que la position d'intervenant tous azimuts qui est la sienne depuis un siècle ou même un peu moins.

D'aucuns trouvent cette loi rassurante.

D'autres, amis de l'Amérique et des valeurs dont elle est porteuse, la jugent au contraire navrante et enragent de la voir s'appliquer au temps, jadis de la guerre du Bangladesh, aujourd'hui de la guerre du Kurdistan.

Mais, encore une fois, c'est une loi et elle est, cette loi, affaire de métaphysique autant que de politique – sa clé est chez Hegel davantage que dans les foucades, le caractère ou les tragiques erreurs d'un président Trump.

CHAPITRE 2

Comment la parole vint à l'Amérique

D'ailleurs comment les choses se sont-elles réellement passées ?

Et comment cette vocation impériale immature, embarrassée, semi-prédicative, etc., a-t-elle fini par s'imposer aux Américains et, jusqu'à ces derniers temps, par sembler les constituer ?

La vérité est qu'ils n'ont assumé cette vocation que récemment, un siècle après Hegel, par défaut et comme à contrecœur – et c'est tout le sens de la séquence qui commence avec le dénouement de la Seconde Guerre mondiale et sur laquelle il faut, pour comprendre, prendre aussi le temps de s'arrêter.

Dans une guerre ordinaire, tout le monde a toujours gagné.

Et l'on se souvient de Voltaire montrant, dans *Candide*, comment, à la fin du conflit des Bulgares et des Abares, « les deux rois faisaient chanter des Te Deum, chacun dans son camp ».

Mais cette guerre-ci n'était pas une guerre ordinaire.

C'était une longue guerre, commencée en 1914, et qui aura mis trente et un ans à se conclure.

C'était l'une de ces rares guerres que, depuis l'essai d'Erich Ludendorff, en 1935, on appelle des « guerres totales ».

Et c'était, enfin, une guerre dont l'un des belligérants s'était rendu coupable de crimes inédits qui avaient meurtri l'humanité en son essence.

Après une guerre de cette nature, on ne peut plus être dans la configuration de la querelle des Abares et des Bulgares.

Il y a forcément un acteur qui l'emporte, sans équivoque et sans réplique.

Et l'emporter, alors, ce n'est pas seulement écraser l'adversaire ; ce n'est pas lui interdire de se réarmer ou l'occuper ; c'est, une fois que les armes se sont tues et que les vaincus ont été réduits au silence, s'octroyer le droit d'inspirer la rhétorique qui va présider à la rédaction des traités ; souffler les modèles politiques et juridiques à partir desquels vont se reconstruire les institutions internationales et nationales ; une nation victorieuse est une nation qui, parce que ce sont ses bras meurtris et ses bombes qui ont engendré le nouvel état des choses, parce que c'est sa *military police* qui a commencé de veiller sur l'ordre fragile des anciens champs de bataille, prend la haute main sur l'administration, non seulement du sol, mais des symboles qui vont repeupler le monde en train de surgir des décombres.

Elle objective la victoire, cette nation victorieuse, en lançant, non seulement ses soldats, mais sa langue, c'est-à-dire son expérience du monde, à l'assaut du moment historique.

Et elle n'a pas tout à fait gagné tant qu'elle n'a pas formulé un sens qui, éclatant comme un soleil de canicule, impérieux comme un torrent de printemps, puis diffus et sage, ample et indiscuté, comme une sagesse d'automne, va imposer son autorité aux hommes.

Alors, que se passe-t-il, au juste, dans la géorhétorique de ce moment mondial qu'est la défaite du nazisme ?

Quelle est la langue à laquelle incombe, en ce 8 mai 1945, de panser et penser les plaies, de reprendre en charge le train des choses, de dire le sens d'un monde si totalement désorienté ?

Ce ne peut évidemment plus être la langue de l'Allemagne qui, quelles que soient ses affinités séculaires avec l'idiome des penseurs et des poètes, quelle que soit la puissance politique, économique, financière, qu'elle ne tardera pas à retrouver, est interdite pour très longtemps de grand récit et de sens.

Ce ne peut être aucune langue d'Asie tant, côté Japon, la zone apparaît irrémédiablement compromise avec le pire – et tant, côté Chine, la terrible aventure communiste, qui commence à peu près au même moment, isole le pays, le sort du jeu et lui faire perdre un temps précieux par rapport à ses ambitions impériales d'aujourd'hui.

Ç'aurait pu être la France qui appartient, elle, au camp des vainqueurs et à qui il arriva, dans son histoire, de rêver de cette autorité et d'être une honnête prétendante à la langue universelle : on sait que cela s'est joué à un cheveu ; on sait qu'il s'en est fallu de peu – le Québec en porte témoignage – pour que l'Amérique du Nord, comme la partie occidentale de la Russie, comme le Brésil et comme, au fond, l'Europe, parlent un peu, beaucoup, passionnément français.

Mais voilà. Il ne suffit pas d'une légende, celle d'un peuple de résistants, pour effacer l'image de la première armée d'Europe écrasée en six semaines sur la Meuse et dans les Ardennes.

Mais surtout, même si cela n'avait pas été le cas, même si, par hypothèse, l'armée française avait tenu bon, même si Vichy n'avait pas existé, même si la France Libre avait été la France et avait combattu, à égalité, cinq ans durant, avec ses alliés, même si…, même si…, il y avait, dans sa langue même et dans l'image du monde qu'elle offrait à ses locuteurs en guerre puis sortis de la guerre, quelque chose qui, de toute façon, était devenu rebelle à cette idée d'autorité mondiale.

Est-ce le déclin du catholicisme et de son principe définitoire ?

Est-ce l'entrée de la France dans la deuxième phase de l'histoire d'une nation, celle de la désillusion, du Graal définitivement perdu (on dit : « il faut réinventer le roman national ! » ; mais on sait que c'est un « roman », on s'exhorte à la « réinvention » et c'est par convention, non par foi, que l'on recommencera d'y croire…) ?

Ou est-ce quelque chose de plus profond qui tiendrait à l'histoire même de l'esprit français, c'est-à-dire, une fois encore, de cette expérience partagée qu'est sa langue ?

Je songe à la France du demi-siècle écoulé.

Je songe aux scintillements prodigieux du septuor Mallarmé, Debussy, Monet, Rimbaud, Bergson, Ravel et surtout Proust.

Je vois cette façon, chez l'un, de faire de la lumière avec du rien, chez l'autre de transformer en couleur ce rien qu'est la lumière, chez l'autre encore de fabriquer de la forme, de la matière, et même de la vie, avec ce presque rien qu'est l'odeur d'un lilas ou l'opacité légère d'un brouillard.

Je réentends la voix de Proust qui, comme je le montrais dans *L'Esprit du judaïsme*, résume et orchestre toutes les autres : ce génie impressionniste... cet autre peintre des nymphéas qui les dépose, lui, dans les étangs de mots que forme la Vivonne... ses arpèges lunaires, ses sanglots comme des sarcasmes, les gouttes sans force des jets d'eau d'Hubert Robert entrevus dans les jardins des Guermantes...

Il y a là un moment de vertige et d'éclat.

Un sommet de grandeur française qui va durer et durer encore.

Mais cette grandeur subtile, étincelante, immatérielle, n'était déjà plus celle qui, un peu plus tôt, avait cru pouvoir justifier la construction d'un empire français.

Si elle invitait à s'embarquer, c'était pour Cythère, pas pour une aventure de donation de sens.

Et, quand vint l'heure de l'affrontement décisif, puis celle de dire ce que devait être le monde pour redevenir habitable par les survivants des carnages, quand vint celle de l'autre empire, le vertueux, celui qui fait que l'on peut s'asseoir autour d'une table et dire au reste du monde : « moi, Langue, je parle », le meilleur de la langue française était, pour ainsi dire, ailleurs.

Il y a bien de Gaulle, locuteur de grand style, habitant son nom, le nom de la France et les noms d'une langue française tendue jusqu'à la rupture.

Mais combien de divisions ?

Qui pour, malgré son ascendant, l'entendre faire valoir la légitimité française ?

Et si, dans l'arbitrage entre langues en quoi se résout, encore une fois, le règlement d'une telle guerre, sa langue, c'est-à-dire la nôtre, finit par obtenir un statut officiel dans l'enceinte des Nations unies, n'est-ce pas d'extrême justesse et à la force d'une audace qui, rétrospectivement, laisse pantois ?

Quand une langue dit « je sais » tout en poursuivant, sotto voce, qu'« il n'y a rien à savoir », quand ses meilleurs gardiens sont des maîtres du soupçon, des contempteurs de l'illusion et, au sens noble du mot, des négateurs, c'est qu'elle s'est convertie à autre chose, qu'elle ne peut plus être l'énonciatrice d'une doctrine de la positivité et qu'elle n'est plus faite pour l'imperium...

Ç'aurait pu être la Russie.

Car la Russie, elle aussi, et ô combien, appartenait au camp des vainqueurs.

Et il y a consensus des historiens pour admettre que, sans elle, sans ses sacrifices, sans ses 25 millions de morts civils et militaires (la moitié du nombre total et mondial des morts de la guerre), sans l'intelligence tactique et stratégique de ses généraux, le nazisme n'aurait pas été défait.

Mais il ne suffit pas de gagner pour avoir gagné.

La victoire dont je parle ici, celle qui fait que l'on universalise un discours et un sens, n'est pas seulement militaire mais morale.

Et cette victoire-là, deux raisons font que la Russie soviétique ne pouvait pas se la voir reconnaître et ne l'a, d'ailleurs, pas réellement cherchée.

La première tient à sa connivence initiale avec l'ennemi : le moyen de se voir attribuer la palme de l'antinazisme quand on a commencé par pactiser avec Hitler ? quand on a cru si fort à ce pacte qu'on a, jusqu'à la dernière minute, refusé de croire à sa résiliation ? et quand ni la guerre finalement imposée, ni la terrifiante saignée qu'elle a infligée à votre peuple, ni l'évidence de la lutte à mort des deux puissances jumelles et désormais rivales ne réussissent à faire taire en vous – tous les biographes de Staline s'accordent sur ce point – le sentiment d'une sourde mais irrévocable complicité entre l'esprit prolétarien de Moscou et prolétaryen de Berlin ?

Mais il y a une deuxième raison, plus essentielle, pour laquelle, n'en déplaise aux Cassandres qui, dès l'écrasement des émeutes ouvrières de

1953 à Berlin, voyaient les chars russes arrivant aux portes de Paris, l'Union soviétique n'a jamais sérieusement prétendu à la direction intellectuelle et morale du monde de l'après-Seconde Guerre mondiale.

La Russie, en réalité, a fait un choix.

C'est un choix qui peut sembler contradictoire avec le tour pour le moins agressif qu'a pris, pendant cinquante ans, de Cuba à l'Afghanistan, du coup de Prague à tous les coups tordus portés aux anciens alliés de la coalition antinazie, sa politique étrangère.

Mais, dans la perspective retenue ici, dans l'ordre, non plus exactement de la géopolitique, mais de cette géopoétique des nations dans laquelle s'écrit aussi leur destinée, il semble que ce fut son choix – et qu'il convenait, au demeurant, à la robustesse bornée de ses hiérarques non moins qu'à l'imaginaire ample de ses écrivains.

Ce choix, ce fut celui de la terre.

Ce fut de prendre la mesure ou, plus exactement, la démesure de l'immense terre russe et, sur ses marches, des terres qu'elle satellisait au nom de son prétendu « espace vital ».

En sorte qu'au moment où les Anglo-Saxons se lancent dans la conquête du ciel et de la mer, au moment où ils relancent de plus belle la construction de tours qui défient les nuages et vont, un

jour prochain, inonder la planète de leurs algorithmes et de leurs ondes, les Russes mettent les
pieds et les mains dans la bouillasse ; ils s'enivrent
d'un continent de steppe, de tourbe et de glace
qui semble ne jamais devoir trouver la mer ou
alors oui, mais c'est une mer intérieure, domes-
tiquée, puis abandonnée, qu'on laisse, comme la
mer d'Aral, revenir à sa vérité de terre empoison-
née ; ils ont gagné cette guerre, bien sûr ; mais
gagner, pour eux, signifie avaler de l'espace, s'eni-
vrer de tellurisme et opposer aux tours de verre,
à la légèreté du calcul et de l'échange, à la puissance des nombres qui vont faire de New York la
capitale financière puis, un jour, numérique de
la planète, la rondeur, la puissance, la lourdeur
pachydermique de la matière.

La Russie avale bien, au passage, la moitié du
territoire de l'Europe – mais c'est parce qu'elle
y voit l'extension et le glacis de son territoire.

Steppes, taïgas et toundras, forêts de Pologne,
montagnes de Roumanie, campagnes croates,
ponts danubiens et, pourquoi pas, peuples, villes,
églises, tableaux, trésors de la mémoire et de
l'histoire : tout lui est bon – mais pour autant
que cela puisse se convertir en bon et vrai réel,
se mesurer en quintal territorial éventuellement
épicé de culture et de pâte humaine.

Il n'y a que chez Tolstoï (et, peut-être, chez

Péguy) qu'on pleure devant un épi de blé et qu'on l'enterre dans un cercueil.

Il n'y a qu'ici (et, il est vrai, quoique en un autre sens, en France) que le blé c'est de l'argent, vraiment de l'argent (alors que les Américains... ils ont du blé – mais l'aiment-ils ? le chérissent-ils ? ne l'ont-ils pas, depuis longtemps, réduit à l'état de stocks virtuels, de réserves, de cours et de graphiques ?).

Ainsi parle la Russie, brutale, cynique, usant des peuples comme de pions dans le jeu d'une guerre dont elle entendait bien qu'elle restât froide.

Ainsi va la nation russe, rivalisant avec la langue de l'Empire ou la singeant, mais ne croyant jamais sérieusement que l'Internationale sera le genre humain.

Bref, il ne reste que l'Amérique.

Ou, plus exactement, ce bloc anglo-américain que l'ultra-droite européenne appelait, depuis des décennies, l'Anglamérique et dont elle voyait la main à l'œuvre – de préférence avec l'aide des Juifs et des francs-maçons – dans les plus sombres complots qui faisaient, selon elle, l'envers de l'histoire contemporaine.

Il reste cet aigle à deux têtes (Londres... New York...) dont Heidegger avait tout de suite senti qu'il était l'adversaire métaphysique absolu (bien plus que l'ours soviétique où il voyait une caricature de national-socialisme...).

Il reste cet « empire démocratique » (Heidegger dit parfois ce « bolchevisme anglais ») que la « dictature impériale » allemande avait reçu, selon lui, mission de vaincre afin de restaurer, à l'heure décisive, la « confiance perdue dans l'Etre » – mais qui, à la fin, l'a emporté.

Et il l'a emporté, certes, en venant à bout des armées ennemies, en lâchant Little Boy sur Hiroshima et en laissant quelques poignées de GI's en faction dans les capitales de l'Axe vaincu ; mais il l'a emporté, beaucoup plus essentiellement, en imposant au reste du monde sa loi, sa vision, sa langue ou, pour parler encore en Heidegger, la modalité de son rapport à l'Etre.

Ainsi, sur le plan du droit, quand sont anglicisés les concepts de génocide et de crime contre l'humanité inventés par deux Centre-Européens de Lviv – Raphael Lemkin et Hersch Lauterpacht – qui se sont réfugiés l'un aux Etats-Unis et l'autre en Grande-Bretagne : ce sera le procès de Nuremberg.

Ainsi, sur le plan des institutions, quand des néo-wilsoniens, nostalgiques d'un empire britannique dont ils sentent que l'heure est passée, se réunissent à San Francisco pour internationaliser le concept de « société ouverte » qu'avait proposé Karl Popper au début des hostilités et qui opposait l'universalité des droits de l'homme au déterminisme des sociétés tribales, magiques, autoritaires : c'est l'esprit d'une charte des Nations unies qui, quoique régulièrement trahie depuis, piétinée, mise en pièces, a représenté un espoir pour l'humanité.

Et c'est encore ce que l'Amérique fait quand elle mondialise l'intuition d'Adam Smith sur l'efficacité, la vertu, la fonction civilisatrice d'un marché rompant, pour la première fois, avec l'univers du pillage et du troc et quand elle trace, depuis ses tours, un espace de type nouveau, sans gravité ni frontière, sans temporalité associée, une sorte d'espace nouménal volant au-dessus du réel et de son encombrement de phénomènes mais où vont pouvoir désormais s'échanger, d'un point à l'autre du cosmos, en moins de temps qu'il ne faut pour le décider, des quantités presque infinies de biens et de services.

Le signe absolu de cette victoire, son ultime épisode et sa ponctuation décisive, ce sera l'entrée dans cet espace, après quarante-quatre ans d'une résistance qui semblait acharnée mais qui apparaît rétrospectivement comme un combat d'arrière-garde, de la Russie poststalinienne.

Quand le dernier secrétaire général du Parti communiste d'URSS se laisse apprivoiser, sur les tarmacs, sous le gentil sobriquet américanisé de Gorby, quand il lance une *glasnost* qui signifie, en russe, « publicité des débats », ou « liberté d'expression et d'opinion », mais que le monde, comme un seul homme, traduit aussitôt, et avec son assentiment, par le mot, ô combien américain, de « transparence », quand un intellectuel libéral de Washington DC, Francis Fukuyama, traduit en anglais américain, dans la langue de Leo Strauss et Allan Bloom, la prophétie hégélienne d'une Histoire parvenue au terme de ses aventures, mettant un point final à son évolution idéologique et se figeant, jusqu'aux confins de cet Est qui avait prétendu lui résister, dans un garde-à-vous plus ou moins embarrassé face aux valeurs de démocratie, de liberté et de droit, c'est la preuve que l'affaire est entendue et que l'Amérique l'a définitivement emporté.

Mais attention.

Elle l'a emporté par défaut.

Sa toute dernière victoire, contre le communisme, fut d'ailleurs obtenue sans combattre et sans que nul, ou presque, l'eût prévue.

Et quant à la première, celle qui a lancé toute la séquence et qui a fait de l'esprit américain, contrairement à la prophétie heideggérienne, le sauveur d'une Europe qui avait, pour la deuxième fois, bien failli réussir son suicide, il faut dire et redire qu'elle n'a été possible que parce qu'un patricien nommé Franklin Roosevelt s'est opposé, de toute la force de ses ruses et de son caractère, à l'isolationnisme américain ; qu'il a miraculeusement vaincu une America First dont on a oublié qu'elle était, en 1940, l'un des courants dominants de la politique extérieure du pays ; et qu'il a proprement forcé les résistances américaines à fabriquer de l'empire.

« Romains involontaires », disait, non plus Malraux, mais Morand.

Tel est le décor.

Et telle est, si l'on passe du miracle au monde réel et de la géopoétique à l'ordre politique du monde, la véridique histoire de cette Paix américaine tard venue, fragile et, encore une fois, originairement indécise que j'ai vue, à Kirkouk, commencer de se dissoudre.

CHAPITRE 3

Si je vous oublie, Jérusalem, Enée, Virgile...

Les Etats-Unis, cela étant dit, avaient *tout de même* une part de leur patrimoine politique, mythologique, imaginaire, qui les disposerait, quand l'heure viendrait, à une sorte de prédication impériale – fût-elle récalcitrante.

Et il y avait deux thèmes au moins qui, dans leurs réserves géopoétiques, étaient compatibles avec ce sauvetage de l'Europe, puis avec cette position de grande puissance libérale, attachée à défendre, un peu partout, les valeurs de liberté, qu'ils n'ont, bon an mal an, et nonobstant l'Amérique latine et le Vietnam, pas trop mal assumée depuis la fin de la Seconde Guerre mondiale.

Or ce qui est en train de se produire, l'événement secrètement décisif, quoique presque invisible, mais qui change la donne en profondeur, c'est que ces deux motifs s'épuisent.

Le premier, c'est la tentation de Jérusalem.

Les Pères pèlerins, arrivant sur l'autre rive de l'Atlantique, étaient persuadés d'être un nouveau Peuple élu débarquant sur une nouvelle Terre promise.

Cette Amérique naissante était incompréhensible sans l'idée millénariste d'une nouvelle vallée de miel où l'on allait, sans attendre la fin des temps, en brûlant les étapes ménagées par le récit biblique puis évangélique, bâtir une Jérusalem terrestre.

Et tel fut le sens du fameux « exceptionnalisme » formulé, dès le printemps 1630, pendant la traversée qui le mène de l'Ancien Monde vers le Nouveau, par le pasteur John Winthrop s'adressant à ses ouailles : nous avons un pacte spécial avec le Seigneur ; nous serons un modèle de charité et de vertu chrétiennes ; et nous serons « la cité qui luit au loin sur la colline » qu'annonçaient les Saintes Ecritures.

On voit bien ce qu'il peut y avoir, d'un strict point de vue théologique, de bizarre dans cette promesse.

On sait que, pour un vrai judéo-chrétien, cette façon de bousculer l'ordre des choses et de bâtir, ici, maintenant, sans attendre la résurrection, la Jérusalem de jaspe, de calcédoine et de saphir, est une hérésie.

Et on sait aussi que, de cette hérésie sur laquelle se sont fondés les Etats-Unis, on a aussi pu faire une lecture isolationniste : la fonction d'une Destinée manifeste n'est-elle pas de se manifester ? la ville sur la colline n'a-t-elle pas pour première vocation d'être vue, juste vue, offerte à l'admiration des nations ? et ne suffit-il pas à la nouvelle Jérusalem d'être un joyau, scintillant de mille feux, et sidérant le monde par son incandescente beauté ?

Mais il y avait une autre lecture possible de ce credo.

Dans l'histoire réelle des sectes et Eglises qui ont fait les Etats-Unis d'Amérique, la tentation n'a pas été moins forte d'encourager le monde à passer de l'admiration à l'adhésion, de la sidération à la reproduction et, quand le passage n'allait pas assez vite, quand les contrées lointaines tardaient à adopter les canons de la Cité sublime, de les aider à franchir le pas.

Je pense, pour tout dire, que la décision de Woodrow Wilson d'entrer en guerre contre l'Allemagne, puis celle de Franklin Roosevelt de se jeter dans la bataille contre le nazisme, puis, toutes proportions gardées, en mode caricatural et grimaçant, la malheureuse opération de George W. Bush visant à abattre la dictature de Saddam Hussein en Irak, ont eu en partage cette veine dans laquelle elles puisaient : le paradigme était le même ; on croyait au rôle exceptionnel d'une Amérique appelée à reprendre le flambeau tombé des mains fragiles des prophètes et des apôtres de la Cité de Dieu ; et on croyait être missionné pour le porter, ce flambeau, jusque dans les terres obscures.

La deuxième veine, c'est le rêve virgilien.

Pourquoi virgilien ?

Parce que Virgile est le poète qui raconte, dans cette reprise de l'*Odyssée* qu'est l'*Enéide*, comment Rome a été fondée par un rescapé de Troie en feu.

Parce qu'il est celui qui explique comment cet empire romain colossal a sa source dans l'odyssée d'un homme seul, Enée, parti avec les dieux lares de Troie vaincue et arrivant, quelques années et quelques mers plus tard, sur cette terre inconnue qu'est l'Italie.

Et parce que c'est l'autre idée qu'avaient en tête les premiers pionniers quand ils embarquaient pour l'Amérique : fuir Amsterdam, Paris, Londres ou Plymouth, ces nouvelles Troie livrées au feu de la persécution et de la tyrannie ; prendre le temps, avant d'embarquer, de sauver des flammes ces dieux lares des cités d'Europe qu'étaient l'esprit de tolérance, le goût du bien commun et du droit, l'idée de liberté ; et au terme d'un long et épuisant voyage où ils furent, eux aussi, les jouets des puissances supérieures, eux aussi conduits aux portes de l'enfer et eux aussi tentés, mille fois, par le découragement et l'abandon, trouver, comme l'avaient fait Enée et ses compagnons sur les côtes du Latium, un site vierge où installer ces lares, mânes et pénates qu'ils avaient le sentiment d'avoir lavés au fond des mers profondes de cette nouvelle Méditerranée qu'était, pour eux, l'Atlantique.

On sait que Thomas Jefferson était un fervent lecteur de Virgile et que cette fidélité à l'origine européenne du pays qu'il fondait était l'une des raisons qui le faisaient militer, en 1793, contre George Washington, pour un soutien actif à la Révolution française.

On sait que l'*Enéide* était le livre de chevet de ces grands latinistes qu'étaient le pasteur puritain Cotton Mather ; le poète fédéraliste Samuel Low ; le groupe de citoyens bostoniens exhortant le roi d'Angleterre à une pastorale exemplaire ; Charles Thomson, le secrétaire du Congrès qui fut à l'origine de la conception du Grand Sceau des Etats-Unis ; ou, beaucoup plus tard, le journaliste John O'Sullivan, adversaire de la peine de mort, féministe avant l'heure et inventeur, en fidélité encore au meilleur de l'héritage italique et, donc, européen, du concept de « Destinée manifeste ».

Et il suffit de regarder, enfin, un billet de un dollar pour y trouver inscrites, non pas une, ni deux, mais trois citations de Virgile : au verso, à gauche, encerclant la pyramide tronquée surmontée par l'œil de la Providence et sous-titrée, en chiffres romains, par la date de la Déclaration d'indépendance, les mots « novus ordo seclorum », issus de la quatrième églogue des *Bucoliques*, et qui annoncent un « nouvel ordre des siècles » ; à gauche aussi, mais plus haut, « annuit cœptis », qui signifie « elle favorise nos entreprises » et qui est une libre adaptation d'un vers des *Géorgiques* où le poète supplie la divinité de ne pas l'abandonner ; et, à droite, prolongeant les ailes de l'aigle qui est le blason commun à la Nouvelle Angleterre et à Rome, le fameux « e pluribus unum » qui figure aussi sur le Grand Sceau, qui désigne l'« unité » patriotique issue de la « pluralité » des « origines diverses » mêlées dans le « melting-pot » et qui est l'adaptation d'un vers de *Moretum*, cette autre bucolique dont on pensait, à l'époque, que Virgile était l'auteur.

Pour ces premiers Américains, la mission est claire.

Elle est de prolonger Virgile et l'*Enéide*.

Elle est de poursuivre, plus à l'ouest encore, la

grande aventure qui a commencé à Troie, qui s'est continuée avec la fondation d'Albe la Longue, puis de Rome, et qui trouve son achèvement provisoire sur les côtes de la Nouvelle Angleterre.

Cette référence obsessionnelle, non seulement à la langue latine, mais à sa version virgilienne, signifie un lien indestructible avec une Europe vue comme un paysage de ruines matérielles ou morales que l'on a laissé derrière soi sans regret, mais dont on a la conviction d'avoir sauvé la meilleure part – et que l'on a la ferme intention, comme Enée, de relever.

Et cette nostalgie de l'Europe, ce regret fait projet, cette décision métaphysique de rejouer à neuf l'invention de l'Europe est la deuxième veine dans laquelle les descendants des pèlerins du *Mayflower* ont puisé quand, à deux reprises, en 1917, puis en 1941, ils sont revenus sur leurs pas, ont refait le parcours à l'envers, et ont entrepris de sauver cette Europe dont ils étaient issus.

Un lecteur strict de la Bible ne manquera pas d'observer qu'il n'est pas facile d'être fidèle, en même temps, à cette Jérusalem et à cette Rome.

Et il pourra même faire observer que la « Cité sainte descendue de chez Dieu » s'oppose terme à terme, chez les évangélistes, à « Babylone la prostituée et la sanguinaire » qui est un autre nom d'Edom, donc de Rome, donc de l'Europe.

Mais c'est ainsi.

L'Amérique, quand elle se décide à la prédication impériale, même à demi et dans l'embarras, c'est Jérusalem plus Rome.

L'Amérique généreuse, amie de la démocratie chez les autres non moins qu'à domicile, c'est Isaïe plus Virgile.

Il faut, il a fallu, la combinaison de ces deux motifs pour que le rêve américain puisse se présenter – même si ce n'était, naturellement, qu'à moitié vrai – comme un rêve pour tous les hommes et prétendant à l'universel.

Or j'observe l'Amérique d'aujourd'hui – celle qui, à Kirkouk, a failli.

Et je suis forcé de constater que ces deux piliers, qui avaient traversé les siècles, sont, pour la première fois, en train de se fissurer et, peut-être, de céder.

Côté virgilien, on peut dater le retournement du jour – 1956 – où le Congrès des Etats-Unis passe une loi remplaçant le « E pluribus unum » qui était, depuis les origines, la devise du pays par le moins bucolique « In God we trust ».

On peut le dater, plus près de nous, du moment où ce Dieu auquel les descendants des bâtisseurs de l'Amérique se sont vu prier de croire, est devenu un Dieu national, naturalisé Américain, littéralement *made in USA* – le moment où, en d'autres termes, les grandes Eglises néo-évangéliques sont devenues la première religion du pays. L'Amérique continue, naturellement, d'abriter des communautés juives vivant dans le temps immobile de Rachi et Rosenzweig. Elle reste la patrie d'une minorité catholique d'autant plus attachée au respect du dogme apostolique et romain qu'elle se sait cernée par le néoprotestantisme. Mais, dans ce pays si volontiers croyant qui a érigé la foi en impératif civique et où la pastorale se dit indifféremment au sens religieux et politique, la majorité des pasteurs sont là, qu'on le veuille ou non, pour dire désormais au monde : « sans doute l'Europe a-t-elle inventé Martin Luther ; Rome, la Vierge Marie ; et sans doute y a-t-il eu, à l'orée de tout cela, un Egyptien nommé Moïse et un Nazaréen baptisé Jésus ; mais nous avons, nous, Américains, donné au monde Martin Luther King ; nous avons construit, du sud au nord de ce qui fut une nouvelle Angleterre mais qui est, désormais, l'Amérique, des Eglises baptistes, pentecôtistes, évangéliques, qui sont nos Eglises nationales, enracinées dans notre imaginaire et notre territoire nationaux ; alors au revoir, amis ! au revoir, lointains cousins en chrétienté ! nous ne sommes plus ces WASP sous tutelle dont tout le credo était d'être plus européens que les Européens, adieu ».

Et on peut le dater, naturellement, du moment où les deux derniers présidents des Etats-Unis, Barack Obama, puis Donald Trump, ont joint le geste à la parole et fait savoir, urbi et orbi, que l'Europe n'était plus une priorité pour l'Amérique.

La chose s'est dite, en langue Trump, avec la brutalité qu'on lui connaît. Ce fut la sortie folle de l'accord de Paris sur le climat. Puis l'injonction faite à l'Allemagne de compter sur ses propres forces, c'est-à-dire sur ses excédents commerciaux, pour assurer sa défense. Et ce furent toutes les déclarations de début de mandat conduisant ses alliés à s'interroger sur ce que ferait le président de l'America First face à une crise majeure conduisant le chef de l'OTAN à actionner l'article 5 du traité de l'Atlantique Nord : considérerait-il toujours une « attaque armée » survenant en Europe comme une attaque dirigée contre les Etats-Unis ? se porterait-il au secours du ou des pays attaqués ? ou considérerait-il que la sécurité des Baltes, de la Pologne ou de la Tchéquie n'est plus une priorité pour lui ?

Mais la même chose s'est dite, avec à peine plus de formes, pendant les huit années de l'ère précédente. Ainsi, quand le sémillant, l'élégant, le brillant Barack Obama zappe, dès le début de son premier mandat, un important sommet européen. Quand il semble laisser la NSA espionner le téléphone portable personnel de la chancelière Merkel et que, la chose s'ébruitant, il ne s'en émeut pas plus que cela. Quand il sèche, pour cause de « calendrier surchargé », le 25ᵉ anniversaire de la chute du mur de Berlin, puis la manifestation de solidarité, à Paris, avec les victimes des attentats contre *Charlie Hebdo* et l'Hyper Cacher. Quand il se conduit comme si sa nouvelle frontière était une Silicon Valley sur le mont Fuji et comme si l'aventure, pour l'Amérique, se jouait à l'ouest, toujours et encore à l'ouest (mais sans voir que, la terre étant ronde, le lointain ouest finit par se retrouver à l'extrême est !). Ou quand il fait savoir, enfin, qu'il place son double mandat sous le triple signe du redéploiement dans la zone Asie, de la remise à plat des relations avec la Russie et du grand deal avec l'Iran.

Sans doute donnera-t-il le sentiment, à la toute fin, quand il viendra discourir à Berlin sur l'importance de l'Europe, de vouloir corriger son erreur : mais cela sentira trop le rattrapage de dernière minute et le bon élève de Harvard qui ne veut manquer aucune case – et l'impression dominante restera bien qu'il a dit avec le sourire ce que dira Trump avec des grimaces, que l'un a joué en mode jour de bonté ce que l'autre hurlera en mode jour de colère et que la consécution, en l'espèce, l'emporte sur la contradiction.

Sans compter l'autre lâchage de l'Europe et, en particulier, de la France que fut, fin août 2013, la folle histoire de la palinodie américaine dans l'affaire des armes chimiques de Bachar el-Assad. Fixer une « ligne rouge »... Menacer des pires foudres si cette ligne était franchie... Et, quand elle l'est, changer d'avis, ne pas bouger et laisser l'allié français, François Hollande, se débrouiller avec ses avions qui étaient, eux, sur le point de décoller... Cela restera comme une mauvaise date dans l'histoire des relations transatlantiques. Mais aussi comme un tournant dans l'histoire d'une dissuasion américaine démonétisée comme jamais. Et cette faute-là, ce n'est pas Trump, mais Obama, qui en porte la responsabilité.

Fin de l'Amérique conçue comme terre du soir.

Oubli de ce Levant, c'est-à-dire de cette aube, qui luisait, là-bas, à l'est, mais dont elle était l'accomplissement et le couchant.

Adieu Europe aux anciens parapets, adieu César, Auguste, empereurs d'Occident et d'Orient, adieu *Géorgiques, Bucoliques, Enéide,* adieu métrique latine et vers romain qui furent les mots de passe des inventeurs de l'Amérique, leur langue de cœur et d'esprit et qui, un peu comme Enée et Priam sont dits, dans l'*Enfer* de Dante, la « semence sainte » de Rome, furent le « levain sacré » de l'Amérique.

L'Amérique, pour la première fois de son histoire, ne s'origine que d'elle-même.

Elle coupe le fil, crépusculaire et lumineux, qu'elle avait toujours tendu entre elle et ce que Hegel, le premier, appela la « vieille Europe ».

Et Trump, qui se voulait César, ressemble à Romulus Augustule, le dernier empereur de Rome, personnage falot et débile qui m'a toujours fait penser au petit gros habsbourgeois de *E la nave va* et dont le nom est une telle aubaine pour un écrivain : « Romulus », le nom du fondateur, devenu le nom du fossoyeur ! « Augustule », le nom du pinacle et de la splendeur classiques défiguré par le suffixe diminutif et ridiculisant jusqu'à la grandeur dont Virgile avait chanté la louange ! Romulus Augustule, dans la vie réelle, était un enfant-roi cruel et ridicule. Dans la « comédie non historique en quatre actes » que lui consacre Friedrich Dürrenmatt, c'est un souverain dont on ne sait trop s'il est criminel (« il ne me restait pas d'autre possibilité, dit-il, que de devenir moi-même empereur pour pouvoir liquider l'empire » : cf. Trump avec Poutine ?) ou gâteux (car passant ses journées, dans son poulailler, à pépier à l'unisson de ses gallinacés : « pépier » ne se dit-il pas, aussi, « tweeter » ?) et qui, à la fin, remettra son empire sans combattre au prince germain Odoacre avant de prendre tranquillement sa retraite (un programme ?).

Quant à Jérusalem, la question est, en apparence, plus complexe.

D'abord parce qu'il y a, aux Etats-Unis, une droite évangélique chrétienne qui fait du retour à Jérusalem de tous les Juifs du monde le préalable au retour de Jésus sur la terre.

Et, ensuite, parce que le président Trump, en fidélité à une promesse faite, pendant la campagne, à cette droite chrétienne, a pris, une fois élu, la décision historique de transporter dans la Ville sainte l'ambassade des Etats-Unis en Israël.

Mais c'est, en grande partie, une apparence – pour, au moins, trois raisons.

Il n'y a pas grand-chose de commun, d'abord, entre ce sionisme néo-évangélique, anti-européen, étranger aux valeurs humanistes et libérales et considérant les Juifs comme de purs figurants dans une dramaturgie qui ne les concerne que de loin et qui est prête, pour se dénouer, à leur passer sur le corps et sur l'âme (leur retour massif en Terre sainte n'est-il pas considéré, dans ce courant de pensée, comme le prélude à leur conversion ?) – et le recours au nom d'Israël chez les inventeurs de l'exceptionnalisme et de la Destinée manifeste américaine.

Il y a un monde, ensuite, entre une décision politique, pour ne pas dire politicienne, ignorant visiblement tout de ces lois du « Ahavat Israël », de cet « amour du peuple juif », dont Gershom Scholem faisait déjà grief à Hannah Arendt d'être tragiquement dépourvue (alors Donald Trump... !) – et l'énormité des enjeux métaphysiques mis en jeu, chez les Pères fondateurs et leurs successeurs, par la fidélité à un signifiant qui impliquait que, comme Rome dont Polybe disait qu'elle restait une puissance hellénique, l'Amérique, si neuve fût-elle, restait liée à son souffle juif.

Et puis, politique pour politique, on ne peut pas non plus faire l'impasse sur le sort des Juifs réels tels qu'ils existent, non seulement en Israël, mais aux Etats-Unis mêmes : célébrer les Juifs imaginaires qui, au jour du Jugement, sortiront de leurs tombeaux pour faire escorte au retour du Christ, c'est bien ; mais ce serait tellement mieux d'honorer, respecter et, tout simplement, protéger les Juifs concrets, les sujets juifs de chair et de sang, qui luttent, en attendant, pour leur dignité et, parfois, leur survie – et le trumpisme est, de ce point de vue, loin du compte.

Il y avait déjà, dans l'Amérique d'avant Trump, en particulier sur les campus, un antisémitisme

« de gauche » puissant, et centré sur le boycott d'Israël.

Et les amis d'Israël et des valeurs juives ne sont pas près d'oublier cette abstention, au Conseil de sécurité des Nations unies, juste avant la Noël 2017, ordonnée par un Barack Obama qui avait visiblement résolu de terminer son double règne par une gifle à l'Etat juif.

Mais faut-il rappeler la montée, dans les courants nativistes et suprématistes blancs, d'un antisémitisme « de droite » qui prétend rouvrir le débat sur la vraie couleur de peau des enfants de Seth et de Jacob ?

Le déferlement, pendant la campagne présidentielle, de tweets et de retweets (l'Anti-Defamation League en a compté plusieurs millions...) où toutes les versions du délire semblaient s'être tressées dans une même intrigue de haine et de crime ? faut-il rappeler le vieux fiel qui marinait dans les tréfonds des âmes et qui, à la faveur de l'élection, se mit à charrier ses flots de blagues sur les chambres à gaz, ses appels à rouvrir « les fours » pour les Juifs de New York et Los Angeles, ses théories complotistes ?

Et faut-il rappeler comment, chaque fois que fut publiquement évoqué devant lui le retour de la plus vieille des haines sur l'une des rares terres au monde où elle paraissait contenue et combattue, le président des Etats-Unis choisit de botter en touche ?

Ainsi de cette conférence de presse tenue avec Benyamin Netanyahou, lors de la visite à Washington de celui-ci : un journaliste israélien se lève ; il interroge le président sur l'augmentation préoccupante des actes antisémites aux Etats-Unis ; et, au lieu de lui répondre, le président parle, comme à son habitude, de lui-même et de son époustouflant succès ; et, quand il consent à se souvenir de la question posée, c'est pour observer, l'œil vague et le ton mécanique, que beaucoup de « mauvaises choses » se passent, en effet, dans son pays mais qu'il sera, que l'on en soit sûr, un président soucieux de « paix ».

Ainsi, vingt-quatre heures plus tard, de cette autre conférence de presse où un autre journaliste représentant un hebdomadaire juif américain, lui demande ce que l'Administration compte faire face au nombre grandissant de synagogues attaquées, d'écoles juives évacuées dans l'urgence ou de centres communautaires terrorisés par des alertes à la bombe jusqu'à présent déjouées : « taisez-vous, le coupe le président avec une violence qui laisse les autres journalistes pantois ! taisez-vous et rasseyez-vous ! vous n'avez jamais connu, de votre vie, un homme moins antisémite que moi » ; moyennant quoi

le-moins-antisémite-des-hommes-et-des-présidents
ne trouve, de nouveau, pas un mot pour expliquer
comment l'Amérique de Martin Luther King, Elie
Wiesel et Bill Clinton endiguera la vague de haine
antijuive, sans précédent depuis les années 1930,
qui est en train de déferler sur son pays.

Sans parler du très étrange concours de circons-
tances qui fit que, le 27 janvier, jour du « souvenir
de l'Holocauste », la mention des « six millions
de Juifs » exterminés par les nazis fut, pour la
première fois dans l'histoire de cette cérémonie,
effacée du discours présidentiel – et sans parler,
non plus, de la petite infamie supplémentaire qui
fit que, lorsque la question fut posée, lorsqu'on
interrogea la Maison Blanche sur la disparition
des noms juifs devenus, tout à coup, un détail
dans la nuit des victimes sans nombre du nazisme,
les préposés à la « vérité alternative » trumpienne
mirent l'erreur sur le dos d'un obscur *speechwriter*
« descendant de survivants de l'holocauste » (*sic*).

J'ai, à l'époque, publié deux tribunes dans la
presse américaine.

Dans l'une, m'intéressant au passé politique du
président, j'évoquais un propos de table rapporté
dans le livre de John O'Donnell : « la seule et
unique sorte de gens que je veux pour compter
mon argent ce sont des petits hommes à kippa ».
Je citais son adresse à une assemblée de donateurs

de la Republican Jewish Coalition devant laquelle il était venu faire campagne : « je sais pourquoi vous n'allez pas me soutenir ! c'est parce que je ne veux pas de votre argent ». Et je rappelais telle série de tweets où, en 2013, enrageant de démontrer qu'il était « plus intelligent » que le très « surévalué » journaliste Jon Stewart, il entreprit de lui arracher le masque derrière lequel se cachait Jonathan Leibowitz, son vrai nom.

Et, dans l'autre, parue dans le *New York Times* le jour même de son entrée en fonction, je le comparais à l'empereur Dioclétien, cet ancien gardien de cochons dont se sont tant moqués, quand il passait devant leur yechiva, les élèves de Rabbi Yehouda et qui, lorsqu'il parvient au pouvoir, convoque le rabbi, à l'ouest d'Edom, dans la lointaine ville de Banyas ; le fait voyager exprès, sans considération de sa foi, un jour de shabbat ; manque l'ébouillanter dans le bain supposé, à son arrivée, le purifier des miasmes de la traversée ; et, lorsqu'il finit par le recevoir, lui lance : « parce que votre Dieu fait des miracles, vous vous permettez de mépriser l'empereur ! ».

Cette histoire me sembla une bonne métaphore de l'Amérique d'aujourd'hui où, comme à Edom, le nihilisme triomphant fait qu'un gardien de cochons, autrement dit le plus fruste des hommes, peut devenir empereur.

Mais elle était une bonne allégorie, surtout, des égards à double tranchant, des bains et cadeaux empoisonnés, dont peut être prodigue un homme humilié qui décide de prendre sa revanche en montrant à Jon Stewart et à ses semblables qu'il est, décidément, plus fort qu'eux.

Je n'ai pas changé d'opinion.

Je pense qu'on est typiquement, avec Trump, dans la configuration de cet antisémitisme de ressentiment qu'ont repéré Freud et Sartre – les Juifs apparaissant comme les représentants d'une « élite » qui vous a trop longtemps pris de haut et dont, maintenant qu'on en a le pouvoir, il convient de se venger.

Et à ceux des Juifs d'Amérique et du monde qui ne verraient pas le piège, à ceux qu'aveuglerait cette bienveillance sans consistance et, somme toute, bien périlleuse, à ceux qui oublieraient que le 45e président des Etats-Unis peut multiplier à l'infini les déclarations d'amour à Israël et à son Premier ministre, il restera toujours un mauvais berger qui ne respecte que la puissance, l'argent, les stucs et ors de ses palais et qui se moque, non seulement des miracles, mais de la vocation à l'étude et à l'intelligence qui fait le génie du judaïsme, à ceux qui, en un mot, ne comprendraient pas que faire alliance avec ça, se rendre, non à Pompée ou Assuérus, mais à Dioclétien, c'est se renier, c'est trahir sa vocation et c'est prendre le risque de n'être plus que l'ombre de soi-même, à tous ceux-là je dirai qu'ils sont, au mieux, dans la position de Joseph s'alliant avec Pharaon pour protéger ses frères. Mais on sait comment finit l'histoire ! De même qu'un nouveau Pharaon « se lève sur l'Egypte » qui « ne connaîtra pas Joseph » et réduira ses descendants en esclavage, de même un nouveau président finira, tôt ou tard, par se lever sur l'Amérique – avec, dit le Talmud, deux cas de figure possibles et également tragiques.

Ou bien le « nouveau Pharaon » n'est nouveau que par métaphore – c'est, dit exactement le Talmud, le même Pharaon qui « tourne mal » et qui, donc, tourne casaque : auquel cas c'est l'imprévisible monsieur Trump qui deviendra un autre monsieur Trump et se retournera contre cet Israël dont, au fond, il se moque et qui a tout à redouter de son « pragmatisme » et de son cynisme.

Ou bien le nouveau venu est, vraiment, un nouveau venu ; c'est un autre Pharaon qui succédera, physiquement, à celui d'aujourd'hui ; et il associera les Juifs au prédécesseur dont ils auront si imprudemment embrassé la cause et le destin.

Mais la question, pour l'heure, n'est pas là.

La question c'est que ces invocations surjouées

du nom de Jérusalem par Donald Trump n'ont plus grand-chose à voir ni avec le Juif réel qui se fait insulter par les suprématistes blancs ni avec le bon ferment juif, celui qui prêchait l'humanisme de l'autre homme, l'accueil de l'étranger, celui qui voulait vêtir ceux qui vont nus, nourrir ceux qui sont affamés et abreuver les assoiffés, celui non seulement des Pères pèlerins mais des bâtisseurs juifs de l'Amérique moderne.

Avec cette disparition ou, si l'on préfère, cette métamorphose du nom vivant de Jérusalem, c'est le deuxième moteur de l'empire, du bon empire, qui menace d'être coupé.

L'Empire et les cinq Rois

CHAPITRE 4

Jeremy Bentham et la Toile

Soit, dira-t-on.

Mais n'êtes-vous pas, là, en train de pleurer un empire d'hier ?

Vos larmes sur Virgile, Jérusalem, l'Europe aux anciens parapets, ne sont-elles pas terriblement décalées à l'heure où l'Empire, le vrai, joue sa domination mondiale par le moyen de ces fameuses GAFA (Google, Amazon, Facebook, Apple), nées sur la côte ouest des Etats-Unis et qui sont devenues des Etats dans l'Etat, des empires dans l'Empire ? ces entreprises géantes, qui étendent leur emprise sur les trois quarts du globe, ne sont-elles pas devenues le visage même, insolent, sans pudeur, de l'Empire ? cette Amérique que vous dites, après tant d'autres, en déclin, n'est-elle pas la source, en d'autres termes, d'une révolution qui a changé la face de l'humanité et lui assure une domination plus sûre que jamais ?

Oui et non, justement.

Oui, parce que ces entreprises, même si elles sont hors sol et presque complètement déterritorialisées, même si elles échappent à toute loi et donc, aussi, à celle des Etats-Unis, sont de culture, de langue et de métaphysique indubitablement américaines (comme l'était cette prodigieuse fabrique à mythes planétarisés inventée, un siècle plus tôt, par une poignée de Viennois, qu'on a appelée Hollywood).

Et oui parce qu'avec cette histoire d'Internet on reste dans le même espace immatériel, sans gravité ni frontière, sans temporalité associée, dont je disais qu'il fut, à partir de 1945, le berceau du premier empire américain (sans doute cet espace s'est-il redéployé... peut-être sa volatilité et sa liquidité se sont-elles infléchies dans le sens d'une abstraction un peu plus abstraite et vertigineuse encore... mais, de même que l'on n'avait eu que quelques rues à traverser pour passer des Cabinet War Rooms de Churchill à l'embryon d'une City qui allait, elle-même, se prolonger en Wall Street, de même l'Amérique du XXIe siècle n'a eu qu'un pas à faire pour, la langue de Churchill et de Milton Friedman se traduisant en langue digitale, aller du Pentagone et de Wall Street à Palo Alto, de l'Arpanet au Net, et router dans le monde entier, à travers les mêmes fils et réseaux, les prodigieuses inventions signées par les GAFA).

Mais, en même temps, non.

Je ne change rien à mon diagnostic.

D'abord, parce que le phénomène le plus notable des années 2010 c'est que l'une des puissances ascendantes de l'heure, à savoir la Chine, s'est déjà donné les moyens de couper l'accès aux réseaux et fils *made in USA* et d'inventer, contre eux, mieux qu'eux, ses propres réseaux *made in China* (non plus les GAFA, mais les BATX – Baidu, Alibaba, Tencent, Xiaomi).

Et puis parce que, du point de vue qui est ici le mien, du point de vue de cette bataille pour la démocratie et le droit qui est, à mes yeux, la vocation mondiale des Etats-Unis, du point de vue de cette force pour le moindre mal et, parfois, pour le bien qu'ils ont réussi à demeurer, cahin-caha, à travers les deux siècles et demi de leur brève histoire, du point de vue de mes chers Peshmergas et de leurs balcons sur Ninive, des Kurdes syriens aujourd'hui massacrés par les Turcs, des damnés de la terre en général et, par extension, des peuples du monde, cette impérialité à visage numérique ne change, hélas, rien au mouvement général de retrait et de décomposition dont je parle – et tout cela annonce même des renoncements qui seront, d'une certaine manière, plus calamiteux encore.

Car enfin de quoi s'agit-il ?

Que s'est-il réellement passé pendant ce temps si court où un quarteron de teenagers ont, depuis leur garage ou leur chambre d'étudiant, conçu puis mis en œuvre les équations et protocoles qui sont à l'origine de cette impérialité électronique ?

Et cet empire que les GAFA composent, ce système d'influence et de contrôle dont la force se révèle peu à peu supérieure à celle de l'ancien Empire et de ses grands appareils, qu'impliquent-ils concrètement pour les peuples du monde et pour, déjà, celui des Etats-Unis ?

On rappellera, pour mémoire, que l'histoire a commencé sur un air de conte de fées offert au reste de la planète : ivresse des espaces infinis et labyrinthes de l'intelligence... vertige du monde connu – le Savoir absolu hégélien ? – mis à portée de main... griserie, pour ceux qui étouffaient dans les frontières du village local ou national, d'avoir accès à des procédures de socialisation et de subjectivation mondialisées... incalculable contribution à la prospérité des nations les plus déshéritées de la planète... et puis, pour les individus sans importance collective, interdits de parole et de récit, pour ceux des humains qui

n'avaient jamais eu droit, nulle part, à ce sup-
plément d'existence qu'est l'inscription de leur
nom dans la matérialité d'une archive et que
Michel Foucault, pour cela, appelait les hommes
sans renommée, sans réputation, *infâmes*, pour ces
hommes-là, une liberté d'expression nouvelle et
la liberté, pour la première fois, de déposer cette
expression, ainsi que les révoltes, les espérances,
les rêves qui l'accompagnent, dans ce registre
nouveau du Net... Ainsi naquirent, comme on
sait, les Printemps arabes... Ainsi, tant d'insur-
rections, partout dans le monde, contre tant de
dictatures... Et n'importe quel activiste humanitaire connaît – j'en sais quelque chose – ces
mouvements de solidarité qu'Internet génère, ici
avec les affamés du Sahel, là avec les Rohingyas
de Birmanie, là encore avec une jeune Iranienne
condamnée à être lapidée...

On rappellera, même si la chose est désormais
bien connue, comment les choses se sont gâtées
et comment la machine, s'emballant, a commencé de déployer, en Occident d'abord, puis
dans le reste du monde, des effets qui, quoique
inscrits dans le programme, n'étaient pas ceux
escomptés : piège de ces réseaux sociaux qui, en
réalité, désocialisent... illusion de ces prétendus
amis qui nous aiment en un clic, nous désaiment

en un autre et dont la multiplication semble le signe que nous n'avons plus d'amis du tout… cette fausse richesse, et authentique monnaie de singe, qui se mesure, non en bitcoins amassés sur le Dark Web, mais en « likers » et « followers » censés donner aux existences une valeur accentuée… surgissement dans les consciences, à volonté, sans nécessité de se déplacer, de lieux où l'on se met à voyager, tels des Xavier de Maistre sans génie, entre les quatre coins d'un téléphone intelligent… invention, à partir de là, d'un néo-cosmopolitisme où l'on stocke l'image, non des étrangetés auxquelles les équipées d'autrefois nous confrontaient, mais de nous-même en train de nous refléter, inlassablement, dans le miroir de ces étrangetés… les voyageurs de jadis collectionnaient des fétiches, des objets obscurs, des morceaux de bas-reliefs détachés d'un temple khmer, des cailloux – dans ce nouveau monde qui semble fait pour aboutir, non plus à un beau livre, mais à une galerie de selfies instagramisés, nous nous collectionnons nous-même, nous nous enivrons de notre narcissisme répété à l'infini, nous régnons sur un monde appauvri… et puis, partout, le délestage de mémoire que la mémoire d'Internet autorise : c'est à l'un de mes anciens maîtres, Michel Serres, qu'il revient d'avoir identifié cette pathologie nouvelle qu'il a nommée, en souvenir de l'évêque Denis gravissant la colline éponyme avec sa propre tête décapitée sous le bras, « syndrome de saint Denis » – là, ce n'est pas tout à fait notre tête mais c'est notre mémoire que nous tenons au creux de la main ou transportons au fond de notre poche depuis que nous nous déchargeons sur des machines du soin de faire remonter à la conscience des informations, des situations et des lambeaux de souvenir qu'elles convoquent, en effet, un million de fois plus vite que nous et que, donc, nous oublions...

Moi aussi, « Google est mon ami ».

Moi aussi, j'ai ouvert des comptes Facebook, Twitter et Instagram que j'essaie de mettre au service des causes qui me sont chères.

Mais je n'en suis pas moins lucide quant aux effets pervers, voire mortifères, de ces outils.

On rappellera – et c'est encore autre chose – le rôle qu'a joué cette numérisation du monde dans l'offensive mondiale contre la volonté de vérité.

L'opinion commune incrimine Trump. Ou Poutine. Ou Erdogan.

Elle voit l'origine de l'invasion des « fake news » dans le cynisme d'une poignée de leaders populistes s'arrogeant, en Occident mais aussi dans les royaumes lointains, le pouvoir orwellien de décider où est la vérité et où elle n'est pas et comprenant l'usage qu'ils peuvent faire, dans leurs batailles domestiques comme dans leurs aventures au-dehors, d'une manipulation généralisée de l'Histoire et de ses narrations.

Et, quand on cherche un peu plus loin, on passe au registre philosophique et inculpe, pêle-mêle : la déconstruction ; l'historicisation, chez les modernes, du désir de vérité ; ou, d'une manière générale, le perspectivisme nietzschéen et ses prolongements postmodernes et structuralistes.

La réalité est en partie celle-là, sans doute.

Encore que la mise en cause de ces philosophes postmodernes et, avant eux, du nietzschéisme me semble, elle, un contresens.

A quoi mesure-t-on la valeur d'un homme, demandait, en effet, le fou de Sils Maria ? A sa capacité à se dessaisir de l'emprise des idoles et des leurres. A la quantité de pensée que sa « grande santé » est en mesure, ou non, de « supporter » et de « vouloir ». A son côté « saint-savant », capable, disaient les *Considérations inactuelles*, de regarder en face ce que la vie peut comporter de plus négatif, de plus douloureux – et capable donc, qu'on le veuille ou non, de vivre à hauteur de vérité. Cette vérité peut être insaisissable. Elle peut être insoutenable. On peut mourir de la quérir ou aller jusqu'à la démence. Mais c'est n'avoir rien compris à l'aventure de l'auteur des *Considérations* que de ne pas voir son côté « horrible travailleur » tentant de répondre seul, sans Dieu, des lueurs brèves d'une vérité qu'il piste avec l'énergie d'un Rimbaud poursuivant « l'aube d'été » et, à la fin, l'embrassant.

Et quant aux autres, quant aux grands noms du moment déconstructionniste, quant à ces maîtres qui furent mes maîtres et qui, dans ce dernier temple du savoir qu'était l'Ecole normale supérieure de la deuxième moitié des années 1960, ont appris à toute une génération ce que l'on appelle penser, quel malentendu ! Faut-il y voir le signe d'une tardive revanche ? Un effet de la paresse de l'esprit qui s'empare de l'étrange galerie marchande que tend à devenir le monde intellectuel ? Ne demeurerait-il, en ce monde, qu'un souci : brader ! toujours brader ! couvrir de plumes et de goudron les grands noms du siècle passé, les placarder sur des panneaux de fortune avec, écrit à la va-vite, un « wanted » ou, à l'inverse, un « unwanted », un « au diable, tout doit disparaître ! tout ! » ? Toujours est-il qu'il y a là un indéfendable lieu commun. Et c'est n'avoir rien compris à cette histoire que d'ignorer que les « déconstructionnistes » n'ont jamais eu, eux non plus, d'autre but ultime que la recherche de la vérité. Entre mille exemples, la « prosopopée de la vérité », déjà citée, de Jacques Lacan ; le « il faut la vérité, c'est la loi » de Jacques Derrida en 1972 ; le désir de scientificité qui taraude, de bout en bout, à s'en rendre fou, l'œuvre de Louis Althusser ; ou les derniers cours de Michel Foucault mourant précisément consacrés à la « parrêsia », au « courage de la vérité »...

Mais, surtout, surtout, je suis persuadé que, pour aller au cœur du désastre et comprendre l'origine réelle de cette offensive anti-vérité, il faut inverser l'ordre des raisons et, une fois n'est pas coutume, aller voir, *d'abord*, du côté de la technique : non pas une métaphysique, ou une politique, se dotant d'un relais technique mais une technique, une nouvelle et furieuse technique, induisant la politique et la métaphysique qui vont avec.

L'enchaînement est clair.

Nombre, presque infini, des paroles que l'Internet triomphant permet de proférer.

Invasion de la Toile par une pluie de messages qui ont attendu trop longtemps ce moment pour laisser se perdre une miette de ce droit et de la joie qui va avec.

Le Web devient alors une cohue, pour ne pas dire une foire d'empoigne, ou une ruée vers soi, où chacun y va de son opinion, de sa conviction, de sa protestation et, dit-il, de « sa » vérité.

Et, au terme d'un glissement rendu inaudible par le grondement de ces acouphènes que sont les tweets, retweets et posts divers dont nous bombardons la Toile, voilà que, pour cette vérité nouvellement affirmée, tous et chacun, manants et pastoureaux, bons et mauvais bergers, seigneurs, tueurs, douces proies et souffre-douleur, se mettent à réclamer le respect que l'on devait à l'ancienne Vérité.

On est parti du droit égal, pour chacun, à exprimer sa croyance – on en arrive à dire que toutes les croyances exprimées ont une valeur égale.

On a commencé par exiger : « écoutez-moi, entendez ce que j'ai à dire » ; puis : « respectez, quoi que vous en pensiez, ce dire qui est le mien » ; et on aboutit à : « ne venez surtout pas objecter que tel dire est supérieur à tel autre et que, dans cette parlotte mondialisée où nous nous bousculons pour arracher notre bout de gras, il y aurait une échelle des vérités ».

On croyait démocratiser le courage de la vérité cher au dernier Foucault ; on pensait donner à tous les amis du vrai les moyens techniques de contribuer, eux aussi, avec témérité et mesure, aux aventures de la connaissance ; mais non ! c'est un festin que l'on a convoqué ! c'est le corps nu de la Vérité que l'on a mis sur la table ! et, mû par un instinct cannibale, chacun a entrepris de le dépecer ! chacun s'est cousu un patchwork de croyances et de certitudes à partir de ses lambeaux sanglants, puis pourrissants et puants ; c'est devenu une mascarade, une kermesse des patchworks où il est interdit, sous peine de comparution devant la cour internationale de lutte anti-discrimination, de diffamer le manteau d'Arlequin du voisin ; et ne voilà-t-il pas qu'a ressurgi, à l'élégance grecque près, la perversité de ces fameux sophistes que combattit si violemment la philosophie naissante.

Comme les anciens sophistes, les sophistes du digital soutiennent que ce que l'on appela si longtemps « la » Vérité est une ombre incertaine car les porteurs de marionnettes, au-dehors, ne brandissent, eux aussi, comme nous tous, que des morceaux de viande avariée.

Dans cette nuit où toutes les illusions sont grises, dans cette profusion obscure et vociférante qu'est devenu le Web, donc le monde, seul l'homme, clament-ils, répétant Protagoras, est la mesure de toute chose et la vérité de chacun vaut donc celle de son voisin.

En sorte que le populiste à front de bœuf braillant ses fake news à la Convention de Cleveland, Ohio, et le surdoué, enfant de Harvard, dont le monde est la patrie, sont, finalement, plus proches que prévu – et Trump et Zuckerberg sont comme les deux lames des ciseaux qui décousent, aujourd'hui, le tissu de la vérité.

Mais il y a pire encore.

Et l'on approche, ici, du principe de ce nouvel

Empire – et des raisons pour lesquelles il n'a, par définition, plus rien à dire, ni aux Kurdes d'Afrin et de Kirkouk, ni à tous les autres peuples désireux de partager avec lui le meilleur de ses valeurs et, pour cela, martyrisés.

Les sophistes grecs, c'est connu, se prétendaient les meilleurs des démocrates.

Mais ils étaient, en réalité, les alliés et les frères en esprit des pires ennemis de la liberté.

C'est la leçon de Philostrate montrant, dans ses *Vies des sophistes*, comment un Hérode Atticus, sous ses airs de philanthrope bâtisseur de stades, aqueducs et autres odéons, avait, en réalité, l'âme d'un despote.

C'est la leçon de Platon listant, dans le *Phèdre*, les neuf sortes d'homme que leur rapport à la sagesse hisse, dans l'échelle des vivants, au-dessus de l'animal et mettant le sophiste en huitième et avant-dernière position, juste avant le tyran dont il apparaît ainsi comme le précurseur.

Et c'est toute l'histoire du procès qui vit le plus noble des philosophes athéniens devenir la victime expiatoire des nostalgiques de la dictature, des six mille tricoteuses et tricoteurs rassemblés au tribunal des héliastes *mais aussi* de la sophistique triomphante.

Eh bien s'il y a un dernier grief – en fait, le principal – que l'on est en droit de faire à ces lointains descendants des Protagoras que sont les promoteurs américains du Net, n'est-il pas, d'une certaine manière, celui-là : aller au même pas que les tyrans ; les pourvoir, quoiqu'ils en aient, en armes et carburant ; et leur offrir, pour peu qu'ils s'en emparent, un dispositif technique inédit et particulièrement efficace ?

Au commencement, il y a ces fameux smartphones qu'un humain sur trois a, aujourd'hui, au fond de la poche et qui lui procurent tant de petites joies qu'il ne conçoit plus d'exister sans eux.

Puis viennent les « identifiants », les « profils », les « comptes » Facebook ou Twitter qui sont, dans ces smartphones, autant de mouchards infiltrés et capables d'enregistrer, stocker et transmettre les informations que l'on y laisse.

Et voilà que ces informations que génèrent les sujets, ces profils qu'ils mettent eux-mêmes à jour, qu'ils *updatent* inlassablement et si volontiers, ce journal de soi qui s'écrit à travers les sites que nous consultons, les photos que nous aimons, les commentaires que nous déposons sur des forums que sont censés gérer à la coule, d'un continent à l'autre, de gentils maîtres du Web, voilà que tout cela, toute cette matière, est effectivement centralisée, traitée, triée, *cloudée*, dans des banques de données qui vont, à leur tour, en faire deux choses.

D'abord, bien sûr, du commerce. Les GAFA n'ont-elles pas trouvé, ici, la pierre philosophale ? Ne se sont-elles pas dotées, pour la première fois dans l'histoire des hommes et de leurs rêves alchimiques, du fabuleux pouvoir de transformer en or la boue ou, en tout cas, la poussière de ces milliards de petits gestes, d'humbles aveux et d'attentes muettes ? Et, pour les jeunes Américains, branchés, modernes et rock and roll qui règnent sur cet univers et qui déploient une énergie sans limite pour nous attacher à leurs machines (toutes les astuces de la philosophie comportementaliste la plus sophistiquée... 2 617 pressions par jour, en moyenne, selon une étude de l'application Dscout...), pour ces panarchistes du silicium et, demain, du graphène qui, une fois que j'ai choisi de payer pour lire Dante ou écouter David Bowie offrent de me décharger de la lourde tâche d'avoir à choisir et choisir encore (décidez un jour, l'algorithme décidera toujours...), quelle aubaine ! quel gisement ! quelle richesse !

Mais ensuite – et c'est plus terrible encore – du pouvoir. Car enfin, pour tous ceux qui, depuis des siècles, couraient après la forme idéale, non de gouvernement, mais de police, quelle aubaine aussi ! Nos allées et venues, nos fréquentations, nos bonnes et nos mauvaises pensées, nos éventuelles intentions séditieuses, nos amours parallèles, nos déviances, tous ces petits tas de secrets arrivaient, chaque matin, mais au compte-gouttes, sur le bureau des ministres de l'Intérieur de toutes les démocraties et, bien sûr, de toutes les autocraties du monde. Alors, fini le travail de fourmi des agents. Fini l'espionnage à l'ancienne avec ses aléas, ses failles et sa main toujours trop lourde. Tout cela est dorénavant encapsulé dans des puces à la fois minuscules et immenses. Tout cela est, au moins en principe, à la disposition de toutes les NSA, CIA, FSB et autres Guoanbu chinois. Et le plus extraordinaire est que rien de cela ne s'est opéré malgré nous, ni même dans notre dos, puisque c'est en pleine conscience, avec une innocence et un enthou-siasme qu'aucun théoricien de la servitude volon-taire, aucun Etienne de La Boétie, aucun Wilhelm Reich, n'auraient jamais imaginés, que nous nous transformons en fournisseurs de données et que, lorsque nous surfons sur la Toile, lorsqu'un dis-sident turc, égyptien ou russe communique via Skype ou FaceTime, ou lorsqu'un soudard irakien poste lui-même l'image des scènes de pillage ou de torture dont il est l'acteur direct ou le témoin, nous laissons tous derrière nous l'empreinte dont Big Brother fera les choux gras, commerciaux mais aussi policiers, qu'il voudra.

Ne dit-on pas de l'un de ces gamins, patron

de l'une de ces multinationales, qu'il a sérieusement songé à devenir le plus jeune président des
Etats-Unis mais que cette ambition, ce pouvoir de
relancer ou non la grande aventure métaphysique
de son pays, celui de décider, à Kirkouk, en Syrie
ou ailleurs, de la paix et de la guerre entre les
nations, lui sont apparus désespérément *old school*
quand il les comparait au pouvoir qu'il avait déjà
de créer une richesse équivalente à celle de la
moitié des Etats, de se lancer dans la course à
l'exploration d'autres planètes, d'entrer dans le
cerveau de quelques milliards d'humains afin de
penser, désirer, conclure à leur place, et de les
surveiller, enfin, comme jamais ils ne l'avaient
été ?

Un souvenir personnel.

Je me suis lié d'amitié, au début des années
2000, avec l'un des rois français de l'Internet alors
naissant, Jean-Baptiste Descroix-Vernier.

Et c'est, d'ailleurs, lui qui m'a convaincu,
à l'époque, de la nécessité, pour un écrivain
engagé, d'être, tout de même, présent sur ces
redoutables réseaux sociaux : n'avons-nous pas,
ensemble, mené campagne contre la lapidation
de Sakineh Mohammadi Ashtiani ? contre l'arrivée à la tête de l'Unesco d'un ancien ministre
de la Culture égyptien antisémite ? ou, trois ans

plus tard, en 2011, pour les premiers insurgés des Printemps arabes ?

Il était ce que l'on commençait d'appeler un geek.

Il vivait sur une péniche, à Amsterdam, dans la seule compagnie d'un ordinateur devant lequel il travaillait, jouait, lisait, rêvait, dormait parfois, skypait, bref, passait le plus clair de son temps.

C'était un personnage musilien, perdu dans ses poids, mesures et algorithmes – mais se souvenant que, dans une autre vie, il était le dernier d'une lignée de paysans de la Dombes et consacrant, chaque année, une part de l'argent qu'il gagnait à racheter les terres où ses aïeux avaient été métayers et humiliés.

Il était, par une aberration supplémentaire, le seul PDG français à s'être fait ordonner prêtre, en secret, lors d'une cérémonie baroque où se mêlèrent la fine fleur du CAC 40, un président de la République française et des bikers hirsutes et tatoués, arborant des portraits d'Elvis au dos de leurs blousons.

Et il était enfin le chef d'une entreprise dont il recrutait les salariés, qu'il appelait ses « ninjas », à la barre de tous les tribunaux du monde où comparaissaient les premiers grands hackers : dès qu'une affaire se profilait, dès qu'il entendait parler d'un génie du Net qui avait craqué les codes d'une multinationale, de la Banque centrale d'Ukraine ou de Biélorussie, dès que son réseau d'informateurs le saisissait du cas d'un voyou qui était parvenu à s'introduire dans le site de telle agence de renseignement, cet agoraphobe prenait l'avion, se pointait dans la salle d'audience, observait de loin le prévenu aux prises avec la justice, jugeait s'il était Scarface ou Lupin, Dillinger ou Robin des Bois, s'il était perdu pour le bien ou mûr pour la rédemption et, quand tel était le cas, quand, avec sa science des âmes apprise dans les confessionnaux, il arrivait à la conclusion que cette âme-ci, ou celle-là, n'était pas complètement égarée et qu'il fallait lui laisser une chance, il se faisait connaître du président du tribunal, proposait contrat de travail et caution et rachetait le Fantômas du Net.

Un jour où je lui demandais quel était, au juste, le métier à quoi il occupait sa petite armée de repentis, il me répondit ceci.

Il était comme un mormon, mais à l'envers ; ce n'est pas des âmes mortes que lui et ses ninjas pêchaient, mais des désirs vivants ; sur les sites d'information, dans les espaces de vente en ligne, sur les réseaux sociaux, les lieux de rencontre et de divertissement virtuels, partout où les êtres parlants et désirants laissaient la trace de leurs besoins, de leurs appétits, de leurs caprices ou de leurs vices, il récoltait cette manne qu'il allait monétiser sans délai.

Puis, après un long silence, il me montra une minuscule clef USB et ajouta ceci. « Tout est là... Dans des trucs qui ressemblent à ça... Des millions d'êtres humains mis à nu par leur désir même, classés selon leurs origines, leurs croyances, leurs inclinations plus ou moins variables... Et tu sais quoi ? Pour le jour où je disparaîtrai, je n'ai qu'une dernière volonté. Je n'ai pas d'enfant, pas beaucoup d'amis, mais j'ai une volonté, la dernière, et c'est que cette clef-ci, au moins, soit détruite. Car je sais les dégâts que peuvent faire des engins de cette sorte quand ils tombent dans de mauvaises mains. Je sais l'outil maléfique que serait, pour un nouvel Hitler, un Staline ou un dictateur ordinaire, cette batterie d'humains répartis comme des animaux, calibrés comme des petits pois et formatés comme des choses. »

Chamath Palihapitiya, l'ancien vice-président de Facebook, dira, quinze ans plus tard, que les programmes qu'il a contribué à créer « déchirent le tissu social » et qu'il interdit à ses enfants « d'utiliser cette merde ».

Bill Gates avouera avoir interdit aux siens, jusqu'à l'âge de 14 ans, l'usage des smartphones.

Steve Jobs, peu avant sa mort, révélera à son

biographe, Walter Isaacson, que ses propres enfants n'avaient jamais touché à un iPad.

Les écoles les plus cool de la Silicon Valley sont des écoles non connectées et *low tech* où les maîtres sont revenus au bon vieux tableau noir et à la craie.

Et Mark Zuckerberg, à en croire Barack Obama dans sa conférence du 2 décembre 2017, à Paris, « a une véritable inquiétude sur le rôle » du Golem qu'il a créé.

Mais mon ami avait tout dit.

Il avait parfaitement décrit cette soumission des êtres parlants à la technique totale qu'a inventée une poignée d'entreprises américaines et qui est l'horizon, la nouvelle frontière, que l'Amérique, à travers elles, propose aujourd'hui au monde.

Il avait dépeint cette mutation de la politique en biopolitique, c'est-à-dire en arraisonnement de l'homme dans son entier, du normal au pathologique, du corps habillé au corps nu – il m'avait annoncé cette triple efficacité hédonique, économique et tyrannique que Foucault avait anticipée avec sa théorie des biopouvoirs mais dont il n'aura pas vécu assez longtemps pour voir l'avènement (le « devancement de la mort » l'a empêché, aurait dit Nietzsche, de devenir assez vieux pour son amère victoire…).

Et il avait surtout, en brisant le tabou, en levant

l'hypocrisie qui planait sur le devenir possiblement tyrannique de ces applications aimables, ludiques et sans malice, en envisageant à haute voix que les deux logiques, commerciale et policière, puissent se conjoindre ou soient même, déjà, joyeusement liées – il avait décrit, nommé, et dénoncé le visage apparemment souriant mais, en réalité, sinistre de ce dernier avatar de l'Empire.

Un nom s'impose ici qui n'est plus celui d'un geek français ou d'un patron de GAFA américaine, mais d'un idéologue anglais : Jeremy Bentham.

Car qui est Jeremy Bentham ?

C'est d'abord – on le sait depuis le *Surveiller et punir* de Michel Foucault qui a introduit son nom dans le débat français – l'inventeur, au XVIIIe siècle, d'un modèle de prison qu'il a baptisé « panoptique » et dont le principe consiste en un mirador central permettant au gardien de voir sans être vu et aux détenus, répartis dans les allées qui rayonnent autour de la tour, de vivre sous son regard.

C'est l'homme qui découvre l'idée simple selon laquelle il suffit que le sujet, n'importe quel sujet, se sache ou se croie observé, et possiblement percé à jour, pour que, même si ce n'est pas le cas et que le panoptique est vide, la seule idée de ce regard omniprésent et omniscient le fasse, sans violence et même sans mots, plier et se soumettre.

Et c'est, par extension, et parce que le système fonctionne, non seulement pour les prisons, mais pour les hôpitaux, les usines, les écoles et tous les lieux du monde où il y a de l'humain assemblé et que l'on veut domestiquer, le concepteur d'un régime disciplinaire moderne, presque invisible, sans chiourme ni brutalité et, dit-il, d'autant plus efficace.

Mais ce qui est beaucoup moins connu c'est qu'il est, avant toute chose, l'un de ces penseurs que les Lumières anglaises appelaient un utilitariste, c'est-à-dire quelqu'un qui, comme l'expression l'indique mal, voit dans le droit au plaisir le premier des droits de l'homme et qui, à l'origine du contrat social, ne met plus ni la peur, ni la nécessité, ni la contrainte acceptée, ni même l'injection, dans la pierre d'angle du politique, d'une dose plus ou moins forte de vérité métaphysique – mais du plaisir, juste du plaisir, la plus grande quantité de plaisir compatible, pour chacun, avec le plaisir du plus grand nombre.

C'est, en vertu de ce même principe que seuls comptent, dans la nature, et dans la politique qui s'en déduit, la souffrance que l'on prévient et le bien-être que l'on permet, un farouche partisan des libertés individuelles, des droits de l'homme et, fait rare pour l'époque, du droit des homosexuels – ainsi que, par parenthèse, l'auteur de *Principes du droit international* où l'on trouve un projet de paix « universelle et perpétuelle » plus optimiste encore que celui de Kant et l'inventeur d'une « Cour de justice mondiale » dont l'utopie annonce nos tribunaux pénaux internationaux.

Et c'est encore cet « ami du genre humain » qui, à tous ces titres et en raison, aussi, de deux propositions de réforme qu'il a eu la grâce d'adresser à la Représentation nationale se vit, le 26 août 1792, sur proposition du Girondin Brissot consacrant un chapitre de ses Mémoires à l'homme exquis qu'il fut, gratifié, comme Thomas Paine, Anacharsis Cloots ou Cornelius Pauw, comme George Washington et Alexander Hamilton, du titre de citoyen d'honneur d'une République française qui s'apprête à proclamer le droit au bonheur.

Discipline et plaisir...

Ivresse du contrôle et souci du bien-être...

Un œil qui ne se ferme jamais, qui surveille les corps et pénètre les âmes, qui viole leur intériorité – mais tout cela sans astreinte, au nom de la félicité universelle et avec l'assentiment des sujets qui y trouvent aussi leur compte...

C'est la combinaison des deux qui fait la force du système.

Et c'est elle qui va lui assurer, aux commandes de l'Empire, un avenir à la fois radieux et terrifiant.

Si l'on veut dater la première apparition du projet de tout voir et tout savoir qui est au cœur de la révolution digitale américaine mais qui ne fonctionne, je le répète, que dans un climat d'euphorie et d'apparente anarchie, si l'on va au bout de la généalogie de ces machines qui pénètrent si loin, quoique en douceur, nos cœurs et nos esprits qu'elles semblent un tyran subtil ou un Dieu domestiqué, si l'on doit nommer un ancêtre, un seul, pour cette idée de biopouvoir s'emparant aimablement du *bios*, de la vie nue, de l'intimité crue des âmes, des corps et des élans de chacun, le vrai nom qui s'impose, le seul qui marie les deux exigences, en principe contradictoires, d'autorité et de suavité, le seul à prétendre que les droits de l'homme et la surveillance, le respect des libertés et la captation de nos secrets, n'ont aucune raison de s'opposer, le seul qu'aient en tête, même s'ils ne le savent pas, et qu'ils n'ont jamais entendu son nom, les sympathiques patrons des GAFA, c'est bien ce voluptueux à poigne qu'était Jeremy Bentham.

L'Empire à l'ancienne avait ses théoriciens :

pêle-mêle, Keynes, Adam Smith, Hayek, Schumpeter ou, plus récemment, Huntington.

L'Empire nouveau, celui qui, somme toute, se moque d'arrêter les Irakiens à Kirkouk dès lors qu'il peut les avoir, ainsi que leurs victimes, *à l'œil*, s'appelle Jeremy Bentham.

CHAPITRE 5

Ainsi parlait l'empire de l'Œil et du Rien

Mais ce n'est pas tout.

Et la vérité est que sa traversée des siècles, sa rencontre avec la nouvelle technique et avec les opportunités inouïes qu'elle lui offrait, ont transformé, sophistiqué et fait muter cette mécanique benthamienne dans un sens qui ne pouvait qu'accélérer la mise en place de la nouvelle impérialité.

Car il y a une première chose que ni, bien sûr, Jeremy Bentham, ni même Michel Foucault n'avaient pu concevoir – c'est que le panoptique, tel qu'il est mis en œuvre par les GAFA, peut, à tout moment, se renverser.

Il opérait de haut en bas, donnant aux GAFA, aux Etats et, d'une manière générale, aux grands ou prétendus tels tout pouvoir d'observer, espionner, contrôler leurs assujettis.

Mais c'est le paradoxe du dispositif que ceux

d'en haut sont équipés, à quelques cryptages près, du même type de mouchards que ceux d'en bas – et que ceux d'en bas, pour peu qu'ils soient un peu geek, ou qu'ils fréquentent, s'ils ne le sont pas, des sites d'information qui, eux, le sont éminemment, disposent d'outils de décryptage équivalents aux leurs.

Les yeux du panoptique, si l'on préfère, sont comme ces verres à double foyer qui superposent deux visions opposées.

Ils sont comme ces timbres dont les contemporains de saint Ambroise, inventeurs de la lecture en silence, disaient qu'ils peuvent indifféremment descendre ou monter, se rengorger ou se projeter vers le ciel.

Et, au lieu que les sujets se laissent passivement regarder, ils s'y mettent ; ils regardent à leur tour ; ils retournent contre ceux qui l'ont conçue et promue l'exhortation à tout voir ; ils font, en particulier, de leurs gouvernants les objets d'une curiosité insatiable et sans bienveillance ; et voilà les surveillants surveillés, les mouchards mouchés, les inspecteurs inspectés et les arroseurs arrosés.

Dans la biopolitique de premier degré, ce sont les petits que l'on soumettait à la loi du panoptique ; dans la biopolitique de deuxième degré, celle que permet de programmer l'intelligence nouvelle des outils, ce sont les chefs, les puissants, les maîtres en général que capture la machine.

Là, c'étaient les taulards de la prison modèle de Philadelphie, puis, de proche en proche, les délinquants en puissance que nous sommes tous aux yeux de l'Œil ; ici ce sont les élus, les élites, les au-dessus des lois que l'on ne hisse sur le pavois que pour mieux les *mater* et, une fois percés à jour, les faire chuter.

La biopolitique à l'ancienne ou, plus exactement, la part de la biopolitique moderne qui fonctionne selon le schéma ancien voulait les sujets nus ; dans la biopolitique nouvelle manière, dans celle que la sophistication du schéma permet désormais de programmer, c'est du roi que l'on veut tout voir et pouvoir ainsi dire, comme dans le conte d'Andersen, « il est nu ».

Ce premier renversement a, naturellement, de bons côtés.

Cette mise à nu des rois, cette possibilité, comme dans le conte, de les voir sans culotte, ce droit donné aux sans-droits, aux sans-grade ou, comme on disait, justement, sous la Révolution française, aux sans-culottes d'*outer* les princes, les prestigieux, les officiels et, naturellement, les tyrans est au principe de l'invention et de la résistance démocratiques.

Et loin de moi l'idée de sous-estimer tout ce

dont la démocratie vivante, celle qui se mesure en droits nouvellement acquis et libertés chèrement payées, fut redevable à la dénudation digitale, ici d'un despote tunisien, là d'un potentat ukrainien, ou, là encore, des petits et grands salauds qui se croient autorisés à disposer du corps des femmes à Hollywood ou dans le métro – n'est-ce pas, d'ailleurs, une « machine » de cette espèce que les ninjas de mon ami geek d'Amsterdam m'ont si généreusement bricolée pour, à la guerre comme à la guerre, tenter un bon usage de ces armes de prolifération massive ?

Mais en même temps...

La machine n'ayant aucun moyen de faire le tri entre potentats et politiques, ou justes et mauvaises causes, ne faut-il pas s'inquiéter de l'égale énergie qu'elle déploie pour faire tomber un totalitaire et salir un démocrate ? de l'identique plaisir que nous y prenons et que les néo-benthamiens calculent au nombre des « likes » qui orchestrent, telle une fanfare, la fabrication de chaque nouveau scandale ? et n'y a-t-il pas lieu de s'alarmer de la déchéance inédite qui frappe ainsi, par exemple, un art de la politique réduit à son pire spectacle ?

Comment ne pas être circonspect, ensuite, quand la suspicion, la mise en accusation et, finalement, la rafle vont encore au-delà et s'étendent, en particulier, aux artistes ? Jadis, il fallait être valet de chambre pour, comme disait Hegel, ôter ses bottes à un héros. Il fallait être Norbert Elias pour oser réduire Mozart à sa sociologie d'artiste bourgeois perdu dans une société de cour. Aujourd'hui, nous sommes tous des valets de chambre et c'est sur Twitter que se pratique la sociologie des génies.

Et puis les politiques... Est-on si sûr que, chez les politiques eux-mêmes, le risque d'être vu ait toujours pour effet de gêner, voire de paralyser, les abus de pouvoir ?

Je rappelle qu'en bonne théorie benthamienne contrôle et plaisir vont de pair et que la nudité qui leur est imposée est peut-être moins, pour les puissants, une invitation à se montrer vertueux (je sais qu'ils me voient nu, donc je me retiens) qu'une exhortation à se lâcher (quelle jouissance de se savoir vu nu ! donc je ne me retiens pas...) – n'est-ce pas, monsieur Trump ?

J'observe aussi que, dans le conte d'Andersen, le fait, pour l'empereur, de comprendre que les deux tisserands l'ont escroqué, qu'ils lui ont fait une étoffe imaginaire et que, si l'enfant, puis le peuple, le voient nu, ce n'est pas parce qu'ils sont idiots ou malveillants mais parce qu'il l'est réellement, nu – j'observe que cette indiscrétion, ce regard, ne l'empêchent absolument pas d'aller au bout de la procession et d'étaler, imperturbable, sa nudité.

Et puis je note enfin, pour prendre un exemple d'aujourd'hui, l'issue pour le moins paradoxale de la campagne lancée, aux Etats-Unis, puis dans le reste du monde, par le néoféminisme digitalisé.

On a commencé par dénoncer les délits sexuels, nommer le crime, rompre avec l'omerta – et ce fut une belle et grande chose.

On a cloué au pilori ceux qui, après enquête, s'en étaient rendus coupables et s'étaient vautrés dans une trop longue impunité – et ce fut une délivrance.

Mais voilà que la machine devient folle, qu'une fureur dénonciatrice déferle sur la Toile et que, chaque matin, sur la base de simples rumeurs, dans un climat de justice populaire qui n'est pas sans rappeler les heures sombres du maccarthysme, à la vitesse de la lumière virale d'un Net tournant à plein régime et assoiffé, comme les dieux d'Anatole France, non pas de sang mais de buzz, une nouvelle tête tombe dans le panier du panoptique.

Je passe sur les cas de diffamation caractérisée ou de règlements de comptes que la justice révélera – mais il sera trop tard.

Je passe sur l'absurdité de tel procès en sorcellerie où un vieillard chenu est sommé de se souvenir d'un geste déplacé commis, il y a trente ans, dans le studio d'une radio de New York mais se voit, en attendant, mis à pied.

Je passe encore sur telle ancienne assistante d'un célèbre *anchorman* dont la tête avait déjà roulé sur le billot – mais elle prend la plume pour dire : « je suis apparemment la seule qu'il n'ait pas harcelée ; or je suis afro-américaine ; c'est donc la preuve que, non content d'être un *rapist*, cet homme est un *racist* ».

Et que dire de ce défilé de pénitents qu'ont dénoncés des témoignages parfois anonymes mais qui se confondent en excuses, dans la plus parfaite tradition des procès de Moscou, pour des crimes qu'ils ignorent ou qu'ils disent n'avoir pas commis ?

Le plus navrant dans l'histoire, la morale de cette nouvelle fable qui n'en est, hélas, pas une tant elle se sera payée cher en souffrance (des femmes), en injustices (pour ceux des hommes dont on aura détruit la vie sur la foi d'une accusation fantaisiste) et en régression politique (que serait un monde où la nouvelle chasse aux sorciers aurait obtenu le droit et le devoir, pour tous, d'entrer comme dans un moulin dans ce continent noir qu'est le désir des humains ?) c'est que, pendant ce temps, le délinquant sexuel le plus notoire des Etats-Unis, l'homme qui s'est fait gloire de « prendre les femmes par la chatte », trône toujours, imperturbable, comme l'empereur du conte, dans sa forteresse de la Maison Blanche.

D'autant qu'il y a, dans cette mondialisation du panoptique, un second renversement dont les conséquences vont être, pour l'histoire qui m'occupe et qui est celle de la métamorphose de l'Empire, carrément catastrophiques.

Car, après tout, ce ne sont pas seulement les rois et leurs sujets qui ont en poche le petit satellite espion.

C'est vous, moi, chacun de nous, des milliards d'humains répartis sur tous les continents mais reliés par les GAFA ou par leurs homologues asiatiques, qui disposons de ce panoptique personnel et portatif.

L'œil du panoptique, autrement dit, cet œil qui voit et surveille tout, ce gros œil qui tourne, tourne, roule et vire sans se lasser, peut, non seulement se renverser mais se diffracter et devenir comme un œil de mouche qui, non content de regarder de haut en bas, ou de bas en haut, peut regarder à droite, à gauche, de tous côtés.

Et, donc, cela n'a pas tardé.

Depuis le temps que nous en rêvions, le néopanoptique l'a fait.

Chacun regarde chacun.

La pulsion voyeuse, loin de s'épuiser avec la mise sous tutelle des anonymes, des indéfinis et des indétectables, puis avec la mise au jour des turpitudes des maîtres et des puissants, s'emballe, repart de plus belle et s'en va braquer la torche dans l'intimité du premier venu.

Et ce benthamisme encore élargi, ce benthamisme horizontalisé et, pour ainsi dire, latéralisé crée une société d'indiscrétion généralisée où tout le monde épie tout le monde et où l'on entre dans un réseau social pour signifier à son prochain qu'il a le droit de tout savoir sur nous – et réciproquement.

Tout, bien entendu, se tient.

Et chacun, c'est la loi, y trouve son compte.

C'est parce que nos *big data* les intéressaient que les princes nous permettaient d'aller fouiller dans leur passé et leur présent, leurs comptes en banque et leurs emplois familiaux, leurs lectures, leurs amours.

C'est parce que leurs petits tas de secrets nous passionnaient que nous permettions, en retour, aux maîtres du monde de transformer nos achats, nos voyages vérifiés au millimètre, nos pratiques sexuelles, en données elles-mêmes convertibles en richesses.

Eh bien c'est parce qu'il n'y a rien de plus excitant, depuis la nuit des temps, que l'idée d'aller se rincer l'œil dans la culotte, non seulement du roi, mais du voisin que nous consentons à ce que celui-ci, en retour, s'autorise à se rincer l'œil dans la nôtre.

Il y a là une circularité des voyeurismes dont c'est peu de dire qu'elle est obscène.

C'est un pacte de corruption, un vrai, où nous nous entendons sur ce droit partagé de nous épier et, forcément, de nous dénoncer.

Et ce pacte des nus, cet échange symbolique des plaisirs de voir et d'être vu, est l'acte constitutif d'un contrat social de type nouveau où ce n'est plus de la liberté que nous aliénons, ou de la volonté, mais du secret.

Ah ! que de temps perdu avec Rousseau, semblent dire les maîtres des réseaux sociaux et leurs accros.

Et que de temps perdu à essayer de réformer, de rédimer les hommes ou de les exhorter à la grandeur.

Il suffisait d'écouter Bentham, ce prophète, cet Heidegger de la nouvelle Technique.

Il suffisait de les laisser être ce qu'ils sont, c'est-à-dire des êtres guidés par le plaisir et la suraffirmation de soi.

Et il suffisait de se souvenir que, plaisir pour plaisir, il y a peu de plaisirs mieux partagés que cette envie d'aller voir dans le slip du voisin – cette slipomanie, cette satisfaction sliposcopique, qui vaut bien quelques sacrifices de souveraineté.

Le régime né de ce pacte n'est plus tout à fait

une démocratie (car cette dictature de la transparence, cette emprise de chacun sur chacun, est bien plus proche de ce que les Grecs nommaient démagogie).

Ce n'est pas une oligarchie (car les maîtres du monde sont, on l'a vu, les premiers visés par cette manie, cette prière exaucée, sliposcopique).

Ce n'est ni une monarchie ni sa forme dégénérée qui donnait, selon les Grecs, la tyrannie (il faudrait pour cela, dans le mirador du nouveau panoptique, un chef d'orchestre clandestin, un comploteur central).

Non.

C'est vraiment un régime inédit.

Ce régime qu'ont inventé une poignée de compagnies américaines et sous la loi duquel vivent, aujourd'hui, les trois quarts de l'humanité, ce régime où l'on échange, à tout instant, le droit de tout voir contre le devoir de tout montrer et où le lien ne tient que sous condition de sliposcopie généralisée, est un gouvernement non identifié, inconnu au bataillon des classifications polybiennes, et qu'on aurait presque envie, tant la pulsion scopique y est reine, d'appeler *scopocratie*.

Mais se posent, à nouveau, deux questions.

Le lien, d'abord, tient-il ?

Peut-on faire tenir une société, un monde, sur

cette idée que les hommes ne sont, une fois pour toutes, que ce qu'ils sont ? qu'ils n'ont, par définition, et en conséquence, rien à cacher ? qu'est licite toute entreprise visant à les rendre transparents et à leur faire dégorger leurs secrets ?

De mauvais esprits feront observer qu'il y a dans cette tentation la transgression d'une des plus vieilles lois de l'Histoire, énoncée au moins depuis les tragiques d'Epidaure et Taormine : humains, n'allez pas y voir de trop près, au risque d'en être aveuglés, de ce côté du miroir qu'est le corps animal de vos semblables.

On se rappellera, si l'on a encore plus mauvais esprit, les anathèmes de saint Augustin contre « la concupiscence des yeux ».

Ou l'histoire des habitants de Sodome dont le plus grand crime est d'avoir su qu'il y avait des anges chez Loth et d'avoir demandé à les voir.

Ou celle encore de Moïse qui eut, selon Rachi, un moment de doute, un seul : c'est le lendemain du jour où il a tué, en grand secret, l'Egyptien ; deux Hébreux sont là, qui savent qu'il l'a tué et qui menacent de le révéler ; et parce qu'il est démasqué, parce qu'il a été vu tuant, parce qu'il y a deux délateurs dans le peuple d'Israël, deux seulement, l'idée l'effleure que c'est le peuple tout entier qui n'est plus digne d'être sauvé et que la promesse faite aux patriarches est caduque.

Et, sans remonter si haut, je rappelle enfin qu'il y a un cinéaste français qui s'appelait Henri-Georges Clouzot et qui, dans un chef-d'œuvre intitulé *Le Corbeau*, a montré les ravages que peut faire, dans une société, la pulsion sliposcopique déchaînée.

J'ai un peu connu Henri-Georges Clouzot.

Je le croisais avec Yves Montand et Simone Signoret à l'auberge de la Colombe d'Or, à Saint-Paul de Vence, où il passait l'hiver et le printemps dans un petit appartement dissimulé dans un creux du jardin, au bout d'une allée jonchée de colonnes brisées.

Il avait la tête perpétuellement effarée d'un homme qui a commis l'erreur d'aller sonder le véritable envers, et l'enfer, de l'Histoire contemporaine et qui ne s'est jamais remis de ce qu'il y a vu.

Et, un soir, sous les figuiers, parce que je voulais avoir le fin mot du procès qui lui fut infligé à la Libération, il me raconta ceci : un film, en effet, un simple film, disant une ville de France livrée, sous l'Occupation, à la jouissance obscène de la délation ; la mort, le crime, la folie, la destruction de toute société qui, telle une traînée de poudre, s'ensuivent ; et le cinéaste qui, pour avoir montré cela, pour avoir mis à nu cette boue, pour avoir osé dérouler l'implacable cordon Bickford qui, parti de quelque arrière-cuisine où se mijote une lettre anonyme, finit par dynamiter l'entière Cité, se voit insulté, tenu pour complice du crime qu'il dénonce, jugé pour outrage au mythe des quarante millions de résistants, brûlé en place publique, déshonoré.

Son film se passait dans « une petite ville de France » qui était, indifféremment, Montfort-l'Amaury ou Tulle.

Mais il pourrait se passer, soixante-dix ans plus tard, dans ce pays décidément inguéri où chacune et chacun est prié de « balancer » son « porc » et où ce ne sont plus des milliers de Madame Bovary qui « souffrent et pleurent » dans chaque « village de France » mais des milliers de Montfort-l'Amaury qui jouissent et croassent dans chaque province de l'Idéologie française.

Il pourrait avoir aussi pour scène, à condition de changer de décor et d'habiller son remake d'aluminium, de teck et de parois de verre, l'une de ces maisons translucides que se sont bâties, sur les hauteurs de Los Angeles, les maîtres des GAFA et où la dernière injonction faite aux hommes n'est plus d'être des loups, mais des corbeaux pour l'homme.

Et sa leçon vaut, en vérité, dans n'importe laquelle des marches de cet empire du regard en train de s'étendre sur le monde et où le contrat social benthamien, avec son injonction de tout dire, tout voir et tout montrer, avec sa nouvelle certitude qu'est réel, non plus, comme le croyait Hegel, ce qui est rationnel, mais ce qui est visible et exhibé, avec sa façon de ne croire vraies, tels des apôtres Thomas postmodernes et obscènes, que les plaies de l'humain, béantes et sanguinolentes, où il est ordonné de mettre l'œil et le doigt – la leçon vaut dans toutes les contrées du monde où ce contrat social a pris force de loi.

Première question, donc.

Et si la Toile, avec ses liens, ses graphes et ses arborisations était devenue une plante cannibale ?

Le panoptique, une bombe à fragmentation ?

On parle toujours de ces virus qui pourraient dérégler le Net, le faire boguer, l'éteindre : et si c'était le Net qui était le virus ? et si c'était lui qui était en train de ronger, désagréger, rompre le lien entre les hommes ? et si ce qui menaçait de boguer, c'étaient ces anciennes figures en train de s'effacer, visages de sable à la lisière du Net, que sont, d'une part, le sujet et, de l'autre, l'idée d'une société fraternelle ?

Mais j'arrive à la deuxième question.

Celle, en réalité, que je posais en commençant.

J'appréhendais qu'une Amérique qui a si ostensiblement tourné le dos à l'appel de Virgile et de

Jérusalem soit en passe de dire aussi adieu à ce qui fut beau dans sa vocation impériale.

Je redoutais qu'elle ne devienne un pays comme un autre, un peu plus grand que les autres, un peu plus puissant, aux prises avec des mythes un peu plus *bigger than life*, mais, somme toute, comme les autres avec un président qui, il y a soixante-quinze ans, tout à son « America First », n'aurait peut-être pas déclaré la guerre au nazisme.

Et je me demandais s'il était même possible de continuer d'appeler ainsi, « Empire », un pays qui a donné naissance à un dispositif de puissance aussi délié de toute prescription et réglementation politique que le dispositif des GAFA.

Eh bien la réponse est là – plus complexe, peut-être contradictoire, mais elle est là et elle tient, désormais, en deux propositions.

La première.

Bien sûr qu'il s'agit toujours d'un empire.

Bien sûr que, d'un pays acheminant à travers ses tuyaux une si grande part de la parole mondiale, dictant leurs règles de conduite aux trois quarts de l'humanité socialisée, fournissant à ses peuples, clés en main, un modèle de contrat qui, en attendant d'imploser, garantit apparemment jouissance et stabilité, bien sûr que, d'un pays où les enfants-rois de Los Angeles et San Francisco inventent la langue universelle rêvée depuis le commencement de l'histoire des empires, on doit plus que jamais dire – transformant en constat l'apostrophe que l'Angleterre impériale s'adressait à elle-même : « America rules the waves ».

Mieux, peut-être ce pays n'a-t-il jamais été si fort, ni si paradoxalement impérial, que depuis qu'il a donné, au Kurdistan et ailleurs, tous les signes visibles de son apparent congé. On se souvient de *L'Homme invisible* de Wells, ce roman anglais qui a fait rêver l'Amérique. C'est quand il s'est rendu invisible, disait-il, qu'un être est au faîte de la puissance. Il n'a jamais si grande licence de piller, tromper, assassiner son prochain qu'après qu'il s'est effacé. Et rien ne vaut, pour trouer les oreilles de ses semblables, pour sécréter dans leur cœur une terreur absolue, pour imposer sa loi, des hurlements sans provenance. Ainsi va l'Empire d'aujourd'hui. Il n'est pas exclu qu'il n'ait jamais été si dominant que depuis qu'il a entrepris, sans le crier sur les toits, sans même se montrer, de donner à tous les hommes de la planète le mandat et les moyens de se faire parler, chanter, de se dénuder les uns les autres – depuis qu'il s'est contenté d'envoyer ses *waves*, ses bonnes et mauvaises ondes, sur toutes les mers, terres et sommets du globe.

On le croyait évaporé, il était en train de se vaporiser.

On le pensait volatilisé, il était occupé à saupoudrer sa manière d'être et de lier.

On l'imaginait ayant décroché, hors sol – c'est qu'il s'était mué en un aérosol inondant de ses particules, c'est-à-dire de ses usages et techniques, les coins les plus reculés de l'univers.

Et j'en veux pour exemple – le dernier, le plus terrible mais, pour cela même, le plus éloquent – le goût qu'ont pris les islamistes, après le supplice de Daniel Pearl, de filmer, monter et, jusqu'à ce que l'opinion mondiale finisse par s'en émouvoir, youtuber leurs décapitations. Les nazis effaçaient la trace de leurs forfaits. Les staliniens, sans atteindre le même raffinement dans la dénégation et le truquage, ne tiraient pas trop gloire de leur Goulag. Et quant aux auteurs, au Cambodge, du troisième génocide du XXe siècle ils opérèrent, eux aussi, dans le secret, avec assassinats à huis clos et enterrements à la diable, dans des fosses. Pourquoi les fascislamistes, eux, opèrent-ils à ciel ouvert ? D'où vient que le crime ne leur semble parfait que lorsque la planète entière peut en être le témoin ? Et cet exhibitionnisme n'est-il pas d'autant plus curieux qu'il va contre une double tradition inscrite dans le temps long de cet islam dont ils se réclament à grands cris : la méfiance à l'endroit des images et une tradition de réserve et de pudeur qui se trouve, là, méthodiquement foulée aux pieds ? On pourra toujours dire, bien sûr, que ce sont de mauvais musulmans qui n'ont pas idée de la vraie signification théologique qu'eut l'iconoclastie en Islam. Et on trouvera des savants – ou des « étudiants » – en religion pour nous expliquer doctement que, s'ils peuvent, d'une main, voiler leurs femmes et, de l'autre, dans une pornographie sans limite, exhiber le corps et le visage de leurs victimes immolées, c'est qu'il n'y a pas, à leurs yeux, de commune mesure entre l'impureté des premières et l'inhumanité définitive des secondes – et qu'une inhumanité, surtout quand elle est celle des Juifs, des « croisés » ou des homosexuels arabes que l'on filmait, eux aussi, sur les toits de Mossoul, attendant d'être jetés dans le vide, ne perd jamais à être donnée en pâture. Tout cela est vrai. Mais il est impossible de ne pas voir aussi là une part de mimétisme vis-à-vis d'un Occident dont on est, comme toujours, d'autant plus tributaire qu'on nie farouchement le tribut. Tout filmer... Tout montrer... Des studios dernier cri installés au cœur de Mossoul... Et ces montages quasi hollywoodiens, les télécharger, en toute transparence, jusqu'à une date récente, sur les Periscope, Facebook et autres YouTube qu'offre le tout-puissant visible occidental...

Mon hypothèse est qu'il y a là le signe d'une fascination obscure pour le tout dire, tout voir et tout montrer qui est la nouvelle loi de l'Empire – et que Daech a aussi été, pour cette raison, la pointe avancée du désir de transparence dans le monde musulman.

Mais voici la seconde proposition.

Cet empire de nouvelle génération, quelle en est la formule ?

Cet empire qui se contente de vapeurs, de volutes et d'ondes déversées sur les terres du monde, comment le caractériser ?

Et que penser d'une impérialité si indifférente à ses contenus qu'elle a longtemps consenti, sans trop d'états d'âme, à transporter sur ses *waves* les saloperies daechistes ?

On peut dire, bien entendu, que l'Histoire se répète et que rien n'a vraiment changé depuis Hegel et Melville : liquide était l'Amérique, liquide elle redevient ; noyée dans une terre océanique alors, noyée dans ses subprimes et l'immensité évanescente de la Toile aujourd'hui ; jusqu'à ses larmes qui, quand elle se souvient de pleurer, sont des larmes de crocodile – invisibles, imperceptibles, tels des filaments ou une buée.

Mais on songe aussi à Edom qui est, dans la tradition juive, le nom du tout dernier empire. Il est « ivre de Néant », dit le Maharal de Prague, mais règne sur les nations avec une rigueur d'autant plus implacable. Il est à la fois tout et rien. Il est tout parce qu'il n'est rien. Il n'est rien parce qu'il est tout. Il n'a plus rien de singulier à dire puisque rien ne lui résiste plus et qu'il recouvre l'entièreté des anciens royaumes. Il n'a plus à être ceci, ou cela, ou encore cela, puisqu'il n'a pas de message en propre et qu'il est devenu, comme je l'écrivais, il y a quarante ans, dans *La Barbarie à visage humain*, avec l'intuition de cette intuition juive dont je ne savais pourtant pas grand-chose, l'autre nom du monde.

Et puis on songe, une fois de plus, à Nietzsche. On songe à ce qu'il aurait pu appeler, lui aussi, l'empire du rien. Ce n'est pas rien de vouloir rien, disait-il. Il faut une force noire, négative, mais une force quand même, peut-être la plus forte de toutes les forces, pour penser jusqu'au bout l'absence de sens et le nihilisme. Il faut une sacrée poigne, aurait-il pu ajouter, il faut la plus puissante des hyperpuissances, pour vouloir, comme ces maîtres du Net, instaurer un règne qui ne connaît plus ni frontière ni territoire, ni palais ni châteaux, ni temples, ni juges, ni coupables ni innocents, ni bien ni mal, ni même vraiment de roi (aucun de ces Gafistes, ils nous le répètent assez, n'a jamais voulu être roi), ni davantage d'idées bonnes et de croyances coupables (toutes les pensées ne se valent-elles pas dès lors qu'elles apprennent à danser sur les vagues ?). Mais c'est une force sans visée. C'est une poigne sans prise ni objet. C'est un très puissant empire, d'accord – mais c'est sur le rien, vraiment, qu'il s'exerce et c'est une force pour rien, sans dessein ni valeurs, qu'il exerce sur les « derniers des hommes ». Et, même lorsqu'il hausse le ton, même quand il s'échauffe et tonitrue, il le fait désormais dans le vide, pour ne rien dire, sans avoir rien à proposer, imposer ou défendre.

L'Amérique en est là.

Vigoureuse et silencieuse.

Prééminente mais se taisant.

C'est comme si elle avait tant œuvré au déploiement des orgues de son piège à désirs, qu'elle en avait oublié l'art de faire et de parler.

C'est comme si, en devenant le gendarme, non plus du monde, mais de la Toile, elle avait perdu ce qu'elle avait de plus périlleux, mais aussi de plus précieux, à savoir sa disposition à dire le juste, le libre, le droit.

Et tout se passe comme si l'énergie déployée pour, comme chez Rimbaud, tendre de clocher en clocher, et d'étoile en étoile, les cordes du panoptique mondialisé ne lui avait plus laissé ni le temps, ni le goût, ni le génie de soutenir la cause des peuples.

Parfois, elle émet un son, mais ce sont des communiqués vaseux comme on vit dans la séquence abominable – à la lettre : qui eût dégoûté un dieu – de la bataille de Kirkouk et du lâchage du Kurdistan.

Ou alors ce sont des tweets qui surnagent, clapotis misérables, à la surface de cette mer d'Aral qu'est devenue la radieuse Cité de jadis sur les rives du Potomac – mais, dans le hérissement de leurs hashtags, il devient difficile de ne pas voir les haches de la délation et les stalags où seront demain parqués les peuples abandonnés.

D'autant que, dans le même temps, tandis que le ciel se couvre sur l'Empire et semble un « grand » et « triste reposoir », tandis que l'astre clair qui éclaira un siècle de prédication américaine devient un « long linceul traînant », non plus « à l'Orient », mais à l'Occident, tandis que cet Occident règne mais qu'il ne s'y trouve plus personne pour dire aux affligés du monde : « fils de Troie et de Jérusalem, d'Enée et des Pères pèlerins, nous avons gravi cette colline, bâti et habité cette ville – aujourd'hui, dans la crainte et le tremblement, dans l'incertitude de nous-mêmes mais dans la foi en notre vocation, nous vous tendons la main », d'autres puissances s'ébrouent, relèvent la tête et, dans ce silence glaçant, se prennent à parler.

Seconde partie

CINQ ROYAUMES À L'OFFENSIVE

CHAPITRE 1

La terre a tremblé au Kurdistan

Car je reviens au Kurdistan.

« Reviens » n'est, d'ailleurs, pas le mot puisque je n'en étais, à la vérité, jamais parti.

A l'époque de la guerre de Bosnie, pendant quatre ans, il ne s'écoula pas un jour sans que je rejoigne en pensée les amis dont j'avais épousé la cause et dont je me tenais informé, où que je sois, des avancées, des revers alarmants ou, parfois, d'un camarade tombé sous la balle d'un sniper.

Au temps de la guerre de Libye, puis pendant les années de glaciation, convulsion et confusion qui suivirent et où c'est l'idée même d'une révolution démocratique arabe qui semblait perdue, je continuai à me rendre disponible pour telle tentative de médiation à Paris, tel sommet d'hommes de bonne volonté à Tunis, telle rencontre gardée secrète, à Malte ou sur l'aéroport de Misrata, avec un seigneur de la guerre qui disait avoir la clef des côtes d'où partent les embarcations de migrants vers l'eldorado européen, ou telle délicate négociation avec la milice islamiste qui venait de kidnapper, en plein Tripoli, mon ami, l'ancien Premier ministre Ali Zeidan – je raconterai cela une autre fois.

Eh bien, de la même manière, il ne s'est pas passé un jour, depuis mon premier reportage au Kurdistan, en mars 2014, sans que le chemin de mes pensées me ramène vers le général Sirwan Barzani, ce Jourdan kurde dont les soldats de l'an II ont tenu, jusqu'à la victoire, le front le plus exposé à Daech ; vers les blessés au gaz moutarde dont les plaies étaient si affreuses que nous n'avions pas eu le courage, avec mes opérateurs, de les filmer ; ou auprès des survivants du fortin, sur les monts Zartik, où le jeune général aux cheveux blancs, qui était aussi un orateur digne de Danton et de Camille Desmoulins, avait été frappé d'une balle en pleine tête.

Non. Si je dis que je « reviens » au Kurdistan c'est parce que je veux revisiter, une nouvelle fois, ces jours de la fin de l'été 2017 où le destin de la nation et, par effet papillon, celui du monde ont basculé.

Et je veux achever de décrire l'événement qui s'est joué là, en quelques jours, dans le grand vide laissé par l'évaporation de l'Empire, aux confins de ce monde sans l'Amérique, quasi « précolombien », où nous avions, je l'ai dit, le sentiment d'entrer.

Je reviens à ce beau dimanche, à Erbil, où le président Barzani était si joyeux qu'il me confia, lui d'habitude si pudique, avare de ses sentiments, que, comme le président de la République française au soir de la victoire de 1918, ou comme Jean-Sébastien Bach, dans l'air pour alto de *La Passion selon saint Jean*, il pouvait enfin dire : « tout est accompli, je peux mourir ».

Je reviens à ce lundi où le peuple d'Erbil pavoisait dans les rues de toutes les villes du pays et où les feux que l'on voyait dans l'obscurité claire du ciel n'étaient, pour la première fois, plus ceux des obus, des balles traçantes ou des projecteurs braqués sur les collines ennemies, mais ceux des feux d'artifice et des feux de joie.

Je revois l'autre Barzani, le Premier ministre, qui n'avait jamais été très en faveur de la tenue du référendum et qui me l'avait presque dit, plusieurs semaines plus tôt, au téléphone. Je le revois, quelques jours avant la scène, déjà évoquée, où il apprend que les menaces irakiennes de blocus vont être mises à exécution. On est le soir même des résultats, à Erbil, dans son bureau. Il est heureux lui aussi. Il a sa belle tête glabre d'enfant gâté des écoles internationales qu'éclaire un sourire de victoire que je ne lui ai vu que sur de très anciennes photos où il pose en uniforme de Peshmerga. Le regard est devenu martial. Toute sa force, d'habitude en embuscade, semble soudainement déployée. Fini la comédie. Bye bye le bon élève de la classe occidentale attendant sagement son indépendance octroyée. C'est le père de la nation, Massoud Barzani, qui, me dit-il, l'a emporté. Ce sont eux, les vieux guerriers, il le reconnaît de bon cœur, qui étaient dans le vrai quand ils arguaient que les Kurdes avaient tout subi, qu'ils avaient cent fois, vaincus ou vainqueurs, traversé l'Achéron et que, lorsqu'un peuple en est là, lorsque le pire est derrière lui, il n'a plus rien à perdre et devient invincible.

Mais je repense aussi, hélas, à ce mardi, et à ce mercredi, et aux jours qui suivirent, et aux heures, et à toutes les minutes, jusqu'à mon départ ; je repense à ce renversement, ce déchantement brutal et généralisé ; un coup de tonnerre, puis deux, puis d'autres ; la nuit tombait sur Erbil ; cela alla si vite... cela fut si foudroyant... et, de nouveau, la couronne de fer rouge posée, sur les têtes kurdes, par les nations.

Le premier à s'exprimer fut le président turc Erdogan qu'un de ses interlocuteurs européens avait plus ou moins convaincu que ce n'était pas une telle affaire, après tout, que cette histoire de référendum ; que Massoud Barzani était un homme raisonnable auquel le liaient, n'est-ce pas, d'anciennes et solides relations ; que le pire, pour lui, Erdogan, serait qu'il fît alliance avec ses cousins kurdes de Turquie, le PKK ; mais que c'est, très précisément, et très sagement, ce qu'il avait promis de ne pas faire…

Le président turc avait maugréé. Il avait admis, en connaisseur, que, lorsque des centaines de milliers d'hommes vous ont ovationné dans des meetings monstres à Souleymanieh, Dohuk ou Erbil, lorsque vous avez fait se lever une si vive espérance et que vous êtes porté par l'ivresse et la ferveur d'un peuple, il est difficile de reculer. Mais voilà qu'apparaissent, la nuit suivante, sur son écran de télévision, des images de liesse à Erbil où quelques drapeaux israéliens se sont timidement glissés dans la forêt des drapeaux kurdes. Et, son sang ne faisant qu'un tour, écumant de fureur, en pleine nuit, il rappelle son interlocuteur sur la *hotline* réservée aux affaires urgentes et aux crises : « trahison ! perfidie ! votre petit référendum de rien du tout était un complot sioniste ! je ne vois que trop, maintenant, de qui était la main qui a marionnettisé cette provocation, cette farce »…

Le lendemain matin, la presse turque était pleine de cette conspiration ourdie à Tel Aviv. Et circulait, sur les réseaux sociaux de l'AKP et des groupes islamistes apparentés, une photo, prise le jour des résultats, à la fin du déjeuner auquel Massoud Barzani avait convié les observateurs internationaux du scrutin. On le voyait en train de couper une belle et grosse pomme verte, symbole du péché, sous le regard encourageant et complice, à sa droite, de l'ancien ministre Bernard Kouchner et, à sa gauche, de l'auteur de ces lignes. Et cette photo était, évidemment, présentée comme la preuve, la pièce à conviction, du complot !

J'essayai de me rassurer en me rappelant que ce grand paranoïaque avait déjà fait le coup, en août 2013, quand il avait déclaré, lors d'un meeting à Rize, sa ville d'enfance, en Anatolie, qu'il détenait la preuve irréfutable qu'Israël et, en particulier, « l'agent sioniste » Bernard-Henri Lévy étaient à l'origine du coup d'État militaire en Egypte et de la destitution de son « frère » Mohamed Morsi : interrogé sur les preuves dont il disposait, il avait fait produire la vidéo d'un débat public entre Tzipi Livni et moi, en pleine guerre de Libye, dans une université israélienne ; l'on y voyait un étudiant m'interpeller sur ce qu'il conviendrait de faire si les Frères musulmans tiraient les marrons du feu de mon activisme et s'emparaient du pouvoir à Tripoli ou au Caire ; et j'avais pris un air docte et entendu pour répondre : « cela n'arrivera pas

– mais, si tel était le cas, il faudra leur barrer la route par tous les moyens, absolument tous... ».

Puis il y eut son homologue iranien Rohani dont on tint à faire savoir qu'il s'était entretenu avec Erdogan, la veille, au téléphone, et qu'il pensait, lui aussi, que l'« aventurisme » kurde menait au chaos ; et Ali Akbar Velayati, ancien ministre des Affaires étrangères devenu conseiller diplomatique du Guide suprême, dépeignant Barzani comme un agent – il disait précisément un « fixeur » – des criminels sionistes dont le but était le démembrement, après la Syrie et la Libye, de l'Irak ; et la presse de Téhéran qui, d'une seule voix, renchérissait en appelant à la mise au pas, sans délai, de ces Kurdes semeurs de désordre.

Puis, ce furent les deux Etats liges de l'Iran – la Syrie et, bien sûr, l'Irak. Le premier multiplia les appels à geler les résultats d'un référendum qui, vu de Damas, créait « le chaos » (on croyait rêver !) sur les rives du Tigre. L'autre (en principe un Etat « fédéral », comptable de la sécurité et de la paix régnant sur le territoire de chacune de ses composantes !) lança des déclarations incendiaires, suivies de manœuvres d'intimidation, dont on allait vite comprendre qu'elles annonçaient une offensive militaire en règle.

Et Erdogan, à nouveau, qui, voyant que nul ne

s'émouvait de ces menaces et que l'allié tutélaire, à Washington, restait impassible, en profita pour ajouter au brouhaha quelques déclarations d'anti-américanisme bien senties ; quelques autres sur le terrorisme kurde qu'il promettait d'éradiquer avec la même énergie que celui de Daech ; et une évocation étrange des « nouveaux Lawrence » qui auraient abusé Barzani et l'auraient conduit à « se précipiter lui-même dans la fournaise ».

Et encore le président iranien Rohani qui, découvrant, lui aussi, que tout pouvait se dire, ou même se faire, sans que l'Administration US en paraisse offusquée, en profita pour annoncer qu'il venait, comme les Coréens du Nord, de tester avec succès un nouveau missile à moyenne portée, Khorramshahr, capable d'atteindre Tel Aviv ou Haïfa ; laissa filtrer l'information selon laquelle, lors de la prochaine guerre qui ne manquerait pas d'éclater avec l'Etat hébreu, le Hezbollah libanais était d'ores et déjà en mesure, grâce aux livraisons de Téhéran, de lancer mille roquettes par jour sur le territoire ennemi ; et s'enorgueillit, au passage, d'un investissement significatif dans une raffinerie de pétrole en Syrie.

Va pour les ennemis, dira-t-on.

Mais les Kurdes n'avaient-ils pas d'amis (en dehors des Etats-Unis) ?

Si, bien sûr.

En tout cas, des alliés.

Et, ces alliés, j'affirme que, contrairement à ce qui s'est dit, Erbil avait eu la prévoyance de les tenir informés du calendrier du référendum et de s'assurer, autant que faire se pouvait, de leur soutien en cas de malheur.

Mais autre chose se produisit.

Et ce fut l'un de ces phénomènes inopinés, perfides comme une épidémie, dont Machiavel écrit qu'ils ont raison, quand ils adviennent, des meilleurs virtuoses de la politique et de l'Histoire.

L'Arabie saoudite était l'un de ces alliés. Les Kurdes, étant les ennemis de l'Iran chiite, donc de l'ennemi principal de cette Arabie sunnite, étaient un peu, *de facto*, ses amis. Mais il se trouva que ces journées de septembre furent aussi celles où Mohammed ben Salmane, dit MBS, le jeune et ambitieux prince héritier de la maison des Saoud, lança sa première purge. Nul ne pouvait imaginer que cette opération, limitée à une poignée de théologiens, et passée alors inaperçue, le conduirait, six semaines plus tard, à éliminer, en une nuit, à la façon d'un Néron sans le crime, onze princes, quatre ministres en exercice et plus d'une trentaine de hauts dignitaires de ce qui devenait l'ancien régime. Mais lui, bien sûr, le savait. Il avait conscience de s'engager dans une lutte à mort où il n'avait droit ni à l'erreur ni à la dispersion de ses forces. Et je sais que, quand le président Barzani, quelques heures après l'entretien où il me confia être désormais assez heureux pour mourir, lui téléphona pour lui rappeler leurs accords, l'amitié ancestrale entre leurs familles et l'intérêt qu'avait Riyad à empêcher les chiites de Téhéran de réaliser leur rêve historique d'un arc de foi et de force qui irait du Liban à Bahreïn en passant par Damas, Mossoul, Kirkouk et Téhéran, MBS était requis sur un autre front et avait d'autres chats à fouetter (en la circonstance ce n'étaient pas des chats, mais des lionceaux de salon qui se laissèrent encager, sans coup férir, dans les suites du Ritz-Carlton à Riyad). Dans le temps précipité qui est celui de tous les coups de force et qui était soudain le sien, dans ces jours qui ne sont plus des jours mais des heures et où l'on sait que la victoire appartient à celui dont la main ne tremble pas et ne vise qu'une cible à la fois, il ne fut pas au rendez-vous.

La Russie n'était pas non plus un ennemi. Elle avait trop d'intérêts au Kurdistan pour que le Kremlin vît réellement d'un mauvais œil cette volonté kurde de se soustraire à l'incertaine tutelle irakienne. J'appris, du reste, que, quelques mois plus tôt, en grand secret, alors qu'il commençait d'être économiquement étranglé, le Kurdistan avait

cédé à la compagnie pétrolière Rosneft, notoire-
ment proche de Poutine, la nue-propriété du vieux
pipeline qui filait, vers l'ouest, jusqu'au port turc
de Ceyhan et qui était l'un de ses liens avec le
monde extérieur. Et je me revois, ce soir-là, mettant
un bémol de circonstance à mon antipoutinisme,
me forçant à oublier que je suis sur la liste des
Français interdits de séjour à Moscou et demandant intérieurement pardon à mes amis du Maïdan
ukrainien des paroles sacrilèges que je m'apprêtais
à prononcer, expliquer à un conseiller du président
kurde qu'il y a parfois des moments, dans l'histoire
des grands peuples, où il est licite de s'allier avec
le diable et que, si des canaux existaient avec le
Kremlin, c'était le moment ou jamais de les activer.

On contacta donc Poutine qui, le 27 au soir,
avait prévu d'être à Ankara pour dîner avec son
« ami » Erdogan. Nul, à Erbil, ne doutait qu'il
allait se saisir de l'occasion pour recommander,
car tel était son intérêt, la modération et le calme.
Or voici que l'on annonce un communiqué commun des deux acolytes. Le peuple d'Erbil attend,
devant l'écran géant dressé, dans un café de la
vieille ville, sous la citadelle, où l'on avait suivi,
un mois plus tôt, un match amical de l'équipe
nationale de football. Je suis là, moi aussi, sus-
pendu aux lèvres d'une poignée d'amis qui sont
eux-mêmes suspendus à celles du présentateur

du JT. Et nous découvrons avec effroi que les deux présidents ont parlé, en réalité, non pas du Kurdistan irakien et de la guerre imminente, mais de leur volonté de concrétiser sans tarder les accords d'Astana sur la Syrie. Poutine, autrement dit, avait bien évoqué les Kurdes. Mais pas ceux du jour. Pas ceux qui, ici, dans quelques heures, à Kirkouk, allaient se faire tailler en pièces par les milices iraniennes suréquipées. Il avait parlé des Kurdes de Syrie qui, eux aussi, naturellement, étaient sous la menace d'une épuration ethnique et d'un massacre. Et peut-être offrit-il d'ailleurs, ce soir-là, à ces Kurdes-ci, un minuscule sursis face à la soldatesque turque qui, à Afrin et autour, était également en marche et attendait son moment. Mais la guerre de Syrie était « sa » guerre. C'est là, dans cette autre guerre kurde, que se jouait son succès, ou non, dans le Grand Jeu proche-oriental où il s'était à nouveau lancé. Et il n'avait jamais été question qu'il dispersât, lui non plus, ses forces et plaidât la cause des assiégés de Kirkouk. Poutine avait son agenda. Erdogan avait le sien, mais sur fond d'une priorité syrienne qui, pour lui aussi, était la priorité. Et ils s'entendirent comme larrons dans la foire que venait d'ouvrir, en quittant la scène, le faux Hercule de la Maison Blanche.

Et puis il y avait enfin la Chine, qui n'était ni amie

ni ennemie mais dont je découvris, un peu plus tard, à New York, lorsque je fus invité à présenter *Peshmerga* devant l'Assemblée générale des Nations unies, qu'elle avait été, pendant ces jours, la plus acharnée, au Conseil de sécurité, à faire obstruction aux tentatives françaises de rappeler, en Irak comme en Syrie, les droits historiques du peuple kurde. Les motifs profonds, ici, étaient encore différents. Depuis le temps qu'avait commencé le duel avec les Etats-Unis ! De cette lutte de géants pour la suprématie planétaire, le dénouement semblait proche et c'était même le moment où l'on commençait, à Pékin, à envisager le renversement décisif. Et, de ces agonisants du Kurdistan, le point de vue chinois disait, dans ce contexte, trois choses.

On ne va pas s'embarrasser, quand on est en passe de devenir la première puissance économique mondiale, d'un petit peuple en trop dont la victoire ou la déroute ne changeront rien à l'ordre des choses. On observe avec grande attention, deuxièmement, que ce peuple maudit est le plus fidèle allié dans la région de l'ancienne nation la plus riche de la planète mais que celle-ci ne vient pas, pour autant, à son secours. Et on comprend donc, troisièmement, qu'il y a là le signe d'une faiblesse politique et morale dont il serait dommage de ne pas tirer aussitôt profit en s'engouffrant dans la brèche que vient, en reculant, d'ouvrir l'Empire. Ce pour quoi ces jours de septembre, puis les jours et semaines qui suivirent, furent ceux où, sur chacune des grandes scènes où se jouait sa rivalité avec les Etats-Unis, la Chine marqua le plus grand nombre de points depuis longtemps : elle réaffirma, avec un éclat nouveau, son projet de route de la soie ; elle rassura les dirigeants européens en déclarant qu'il ne convenait pas d'y voir un « plan Marshall » version XXIe siècle ; comme les Russes en France et aux Etats-Unis, elle entra, en Australie et en Nouvelle-Zélande, dans le club très fermé des puissances expertes en cyberattaque et manipulation de scrutins démocratiques ; et elle s'offrit même le luxe d'apparaître en position d'arbitre, presque de chevalier blanc, dans le bras de fer engagé, en Corée du Nord, par Donald Trump et Kim Jong Un ; et le 18 octobre, lors du congrès du Parti communiste, elle annonça qu'une « nouvelle ère » s'ouvrait, inscrivant le pays dans l'« horizon 2050 ».

Il faut toujours se méfier, naturellement, des lunettes que l'on chausse.

Et l'on sent bien le risque, quand on regarde l'Histoire au prisme d'une situation singulière, d'un syndrome gare de Perpignan (c'est « toujours à la gare de Perpignan », disait Salvador Dalí, que me sont venues mes idées « les plus géniales ») croisé avec les symptômes d'une paranoïa fût-elle « critique » (comme je me trouve être à Perpignan, je décrète Perpignan centre du monde).

Mais au moins cela fait-il voir des choses que l'on ne verrait pas autrement.

Au moins cela permet-il de jeter sur le monde une lumière propre à en faire surgir des traits qui, sans elle, seraient dans l'ombre.

Et ce que, dans l'ombre confuse de ces événements, dans leur bousculade et leur apparente contingence, l'œil des Kurdes voyait et permettait à ceux qu'il éclairait de voir, c'était ceci.

Non pas, bien sûr, un complot mondial contre un peuple à nouveau trahi.

Non pas l'image romantique de toutes les forces du malheur liguées, comme dans une tragédie antique, contre l'innocence fusillée.

Pas davantage la mauvaise chance d'un peuple mal tombé et qui, de même qu'il n'avait pas prévu que son référendum arriverait à la même date que celui de la Catalogne, n'aurait pas anticipé que ce serait pile le moment où MBS préparerait ses purges, où Poutine tenterait de pousser son avantage en Syrie, où la Chine inaugurerait sa nouvelle route de la soie, etc.

Mais une Amérique distraite et comme ailleurs – et cinq acteurs profitant de cette distraction, l'un pour accélérer une purge ; l'autre pour avancer un pion sur la carte d'un monde en voie de sinisation ; le troisième pour éliminer quelques militaires félons à qui l'on ne pardonnait décidément pas d'avoir, un an plus tôt, à Istanbul et Ankara, ourdi leur coup d'Etat ; le quatrième pour multiplier les ruptures de cessez-le-feu dans le Donbass (il n'y en eut, en trois ans de guerre, jamais autant que pendant ces semaines d'octobre) ; le dernier pour prendre des libertés supplémentaires avec l'accord sur le nucléaire.

Une Amérique qui se tait et cinq prétendants qui, au Kurdistan même (l'Iran, la Turquie), mais aussi dans le reste du monde (la Chine, la Russie) donnent de la voix et se croient tout permis.

Un Occident qui, pour un temps qui ne durerait peut-être pas toujours et dont il fallait donc profiter, offrait, après tant d'autres témoignages (Crimée, Syrie, renoncement, sur tous les terrains ou presque, à la défense des droits de l'homme), cette nouvelle preuve de sa disposition à laisser filer ses propres valeurs ; et les cinq Rois qui, après des décennies (la Russie), un siècle (la Turquie), plusieurs siècles (l'Iran, l'Arabie saoudite, la Chine) d'un lourd et terrible sommeil, se prennent à rêver d'un réveil décisif.

Il y avait des grands pays (l'Egypte, l'Inde, le Brésil…) ainsi que des petits pays au rôle pourtant décisif (les Emirats arabes unis, cet anti-Qatar, en première ligne de la résistance au salafisme et au djihadisme en général...) que le miroir kurde ne reflétait nullement.

Il y avait d'autres guerres, parfois terribles, sur lesquelles l'événement kurde n'avait aucune influence (entre autres, la guerre d'Afghanistan où les Talibans étaient en train de reprendre l'avantage).

Ces cinq royautés ne sont, d'ailleurs, pas de même importance et il serait absurde de mettre dans le même sac, par exemple, l'Iran exsangue et l'immense Chine.

Elles peuvent, dans certains cas, nouer des alliances de circonstance : Erdogan et Poutine faisant momentanément taire leur différend sur la Syrie ; ou Erdogan, la veille de sa visite à Paris, volant au secours des mollahs en martelant que la répression des manifestations de Mashhad, Doroud et Najafabad était « une affaire interne à l'Iran » et qu'il était regrettable que « des gens de l'extérieur » soient venus ajouter la « provocation » à la « sédition ».

Elles peuvent en conclure d'autres, plus solides : Poutine et les Iraniens affirmant, et réaffirmant, leur résolution « stratégique » à lutter ensemble contre l'« unilatéralisme américain » et à obtenir l'allègement des sanctions frappant Téhéran.

D'autres, parfaitement inattendues et même stupéfiantes : les 4 et 5 octobre, au moment même de l'attaque irano-irakienne sur Kirkouk, la première visite d'un souverain saoudien à Moscou et la signature, en grande pompe, de quatorze protocoles commerciaux dont la fourniture de missiles S-400.

D'autres encore, qui entendent peser lourdement sur l'état du monde de demain : Poutine avait déjà reçu le soutien chinois après l'occupation de la Crimée ; il avait déjà fait de Moscou le premier fournisseur de la Chine en gaz et pétrole et de la Chine, en retour, le premier investisseur dans l'économie chancelante de la Russie ; l'année 2017 s'achève et elle voit se multiplier, à une cadence étrange, les sommets où l'on se congratule sur ce partenariat grandissant et sur la compatibilité profonde entre ces deux projets distincts que sont l'UEE (Union économique eurasienne) et la BRI (Belt and Road Initiative).

Dans d'autres cas, encore, l'inimitié demeure : celle de l'Iran et de l'Arabie saoudite engagés dans une lutte à mort qui date des débuts de l'islam (mais qu'ont encore avivée la querelle autour du Qatar et la guerre au Yémen).

Et l'un de ces cinq royaumes enfin, l'Arabie saoudite, est, jusqu'à nouvel ordre, malgré le voyage à Moscou du 4 octobre, malgré son soutien récurrent au terrorisme et malgré le fait que je le convoquerai parfois comme un nom quasi générique pour l'Internationale du sunnisme radical, un allié des Etats-Unis.

Mais tout cela est secondaire.

Le plus important c'est que tous ces acteurs, parfois à l'unisson, parfois en ordre dispersé, se remettaient en mouvement.

L'essentiel c'est cette tectonique des plaques faisant qu'au croisement d'une série de malentendus et de calculs finalement trop nombreux pour être mis au seul compte de ce hasard dont les historiens grecs savaient qu'il est toujours, à la fin, l'autre nom de la nécessité, une nouvelle configuration régionale commençait de se dessiner.

L'événement, le vrai, celui qui crevait les yeux des témoins de cette crise kurde mais qui couvait, en vérité, depuis que l'Amérique avait commencé d'oublier qu'elle était le beau couchant d'un levant où ses valeurs constitutives s'étaient formées, c'était l'évidence d'une Histoire qui n'était pas finie pour tout le monde et qui revenait, sournoise ou fracassante, par cinq chemins où on ne l'attendait pas – et au carrefour desquels apparaissait une sorte de front « révisionniste », ou « revanchiste », composé de cinq pays bien décidés à redessiner, à leur avantage, la carte mondiale des autorités et des puissances.

CHAPITRE 2

Le piège d'Hérodote

Ces cinq pays en phase de réveil, frappés par la divine surprise d'une Histoire qui semble, contre toute logique, prête à repasser les plats, ces cinq Rois qui, au balcon en même temps que sur le pavé d'un Iéna kurde, s'émerveillent de se voir passer eux-mêmes sur le cheval d'un Empereur qui a, pour chacun, leur visage, ont trois traits en partage.

Ils sont les héritiers, d'abord, de quelques-uns des plus anciens empires qu'ait connus l'humanité.

Tous les ennemis des démocraties ne sont pas des anciens empires.

La Corée du Nord, qui semble représenter la plus redoutable menace, non seulement pour l'Occident, mais pour le monde, n'a jamais été un empire.

Ni le Pakistan dont je pense, comme à l'époque de mon enquête sur la mort de Daniel Pearl, qu'il est un Etat voyou, déjà doté de l'arme nucléaire.

Ni le Venezuela qui est une calamité pour son peuple et, de surcroît, l'ami des Etats les plus infréquentables (Pakistan justement, Corée du Nord, Iran, Russie), et dont l'« alliance boliva-rienne » est une farce.

Et, parmi les anciens empires, parmi tous les peuples qui, hostiles ou non, ont cédé à ce désir d'empire dont Nietzsche disait, dans *Le Crépuscule des idoles*, qu'il peut être l'honneur de la politique quand elle tente d'être grande et d'échapper à l'esprit « boutiquier », il y a empire et empire.

Il en fut de tout petits : l'empire phénicien, borné à des comptoirs ; la Suède ou le Danemark, réduits à des conquêtes de proximité.

D'autres furent immenses mais sans lende-main : l'empire des steppes, fondé par Gengis Khan, au début du XIIIe siècle ; plus vaste que celui d'Alexandre, de Charlemagne et de Rome ; mais aussi plus éphémère, à peine un siècle, avalé par les Perses et les Turcs qu'il avait, en principe, vaincus.

D'autres, tels les empires coloniaux européens, furent trop criminels pour avoir pu s'orner d'une légende : des objets de querelle, plutôt ; une nostalgie, chez certains, mais une répulsion chez beaucoup ; et rien qui fasse religion nationale.

Ces cinq-là, en revanche, les cinq que l'on a vus s'agiter sur la scène kurde ou autour d'elle, les cinq acteurs à l'offensive que sont les Turcs,

les Iraniens, les Russes, les Chinois, les califes sunnites, les cinq puissances révisionnistes de l'ordre
international qui sont en train, chacune à son pas,
d'abattre leur jeu et de défier les Etats-Unis et
l'Europe, ont la particularité d'être dépositaires,
dans le genre empire, de ce qu'il y eut de plus
légendaire et d'être, aujourd'hui encore, passionnément habitées par cette mémoire.

Je me souviens d'une conférence, dès 1986, à
l'« Institut des langues étrangères n° 2 » de Pékin,
lors de mon tout premier voyage en Chine, où je
découvris qu'il était interdit d'évoquer les noms
des premiers dissidents ; délicat de prononcer
celui de Mao et de ses derniers compagnons ;
mais que la Révolution culturelle n'avait effacé
des mémoires ni les Qin, ni les Han, ni les Ming,
ni aucun de ces Fils du Ciel, bâtisseurs d'empires,
dans les pas desquels le président Xi Jinping met,
trente ans plus tard, ouvertement ses pas quand
il invite son peuple à le suivre dans sa « grande
cure de jouvence ».

Je me souviens de ce jour de mai 2011, en
Libye, sur le front de Misrata, où les bombardements kadhafistes étaient si violents, que nous
avions passé la matinée au fond d'une carrière de
sable creusée dans la dune et aménagée en un
bunker tenu par des madriers de fortune : et, là,
pour tuer le temps, notre ami Souleiman Fortia

qui avait fait, avec nous, la traversée depuis Malte, s'engagea dans un long monologue où, d'un souffle, comme s'il s'agissait d'une seule et même histoire volant, d'épisode en épisode, pour trouver dans ces batailles libyennes un avant-dernier écho, la voix à peine cassée, sur la fin, par ce qui devenait dans sa bouche une unique chanson de geste défiant le tumulte au-dehors, il raconta comment, en un peu plus d'un siècle, sans vraie supériorité militaire, armés de leur seule foi, Mahomet et ses successeurs avaient bâti un empire qui alla de la Mésopotamie à la Perse ; s'étendit jusqu'à la Syrie, la Palestine et l'Egypte ; traversa Boukhara et Samarcande ; vainquit les héritiers de l'empire romain à Grenade et au seuil de Poitiers ; défit, enfin, les Chinois à Talas.

Je me souviens de cet autre ami, cadet de l'« ami turc » évoqué dans *Hôtel Europe* et avec lequel nous faisions nos vols clandestins sur Visoko. Il était étudiant en philosophie à l'université Darülfünun d'Istanbul. Et il nous aida, Gilles Hertzog et moi-même, aux pires heures de la guerre de Bosnie, à transporter, cette fois par la route, des lunettes de visée pour les défenseurs de la poche de Bihac encerclée par les Serbes. Il était francophile, anglophile, ami du genre humain, judéophile et partisan de la reconnaissance du génocide arménien. Mais s'il y a un

sujet sur lequel il était incollable et sur lequel
nous le branchions dès que nous entrions dans
la phase critique de la mission, c'était l'histoire
de l'empire ottoman. Je nous revois dans la voi-
ture de tourisme louée à l'aéroport de Split. Nous
avons roulé de nuit et fait en sorte d'arriver pile
à l'aube au poste de garde isolé, sur un chemin
de campagne, où un milicien stipendié nous a
laissés passer. Il a fallu, alors, chercher la ferme
abandonnée où nous devons déposer notre précieux chargement. C'est le moment où tout peut
arriver – à commencer par notre interception par
une patrouille des Nations unies qui ont, depuis
quelques mois, déclaré les alentours de la ville
« zone de sécurité ». Et tandis que Gilles et moi
scrutons, le cœur battant, la brume qui se dissout
et tarde à faire apparaître le cours d'eau, le bouquet d'arbres ou la maison bombardée qui seront
le signe que le lieu du rendez-vous est proche,
notre ami, peut-être pour se donner du courage,
peut-être parce qu'il n'y a, selon un dicton turc,
pas de plus sûr moyen de dissiper un mirage que
d'en convoquer un autre ou peut-être, tout simplement, parce que nous lui avons dit que cela
nous passionnait, raconte les riches heures d'un
empire qui, il y a cinq siècles, au temps de Soliman, régnait sur la patrie du Christ et sur celle
de Socrate, sur l'ancienne capitale de l'empire

romain d'Orient et sur les terres d'où partit la marche d'Alexandre, et arriva jusqu'à Vienne, Sarajevo et l'océan Indien.

Je me souviens de ceux qu'on appelait, en Russie, les dissidents et dont certains se sont reconvertis, hélas, dans les organes du pouvoir poutinien : beaucoup, à commencer par Soljenit-syne, avaient la nostalgie d'une mission sacrée de la Sainte Russie qui, à son apogée, allait jusqu'aux pays baltes, à l'Ukraine et à la Biélorussie ; englo-bait la Pologne et le grand-duché de Finlande ; filait, d'un côté, jusqu'à l'Alaska et, de l'autre, jusqu'aux terres reculées d'Asie centrale.

Et j'ai un ami iranien, Amir Jahanshahi, qui n'est plus retourné à Téhéran – « officiellement », dit-il... – depuis presque quarante ans et vit, entre Londres, Madrid et Paris, dans un monde de haute finance où rien ne semble exister que les cotations déréalisées des marchés. Cet homme, descendant d'une illustre famille perse, fut le principal bailleur de fonds de l'opposition inté-rieure à Ahmadinejad après sa réélection contes-tée de 2009. Et nous organisâmes d'ailleurs, à l'époque, d'honorables manifestations de sou-tien à tel syndicaliste, tel cinéaste, tel écrivain, persécutés. Puis, je le vis changer et commen-cer de soutenir que le régime avait « atteint une maturité qui lui permettait de s'autoréformer de l'intérieur » ; ou qu'il était reconnaissant au chiisme d'avoir « empêché les Ottomans et les Arabes de dominer son pays » ; ou, inversement, qu'il savait gré à celui-ci de s'instituer « protecteur de tous les chiites » et de contribuer, ainsi, à la « stabilisation de la région ». Mais il y a un trait qui, en lui, a survécu à ce singulier changement de cap – c'est la joie qui l'envahit chaque fois que le hasard d'une conversation lui permet d'évoquer le faste, la grandeur, la majesté passée de ce qu'il n'appelle, étrangement, jamais « l'Iran » mais « mon pays ». Peu importe la compagnie. Tout interlocuteur lui est bon. Un mot, une allusion, une question vague et polie (« ah vous êtes iranien ? parlez-nous de la situation en Iran… ») lui sont autant de perches dont il se saisit avec un empressement d'amoureux. Combien de fois l'ai-je entendu vanter – avec, toujours, de légères variantes qui donnent à penser que le récit pourrait être plus extraordinaire encore – ce moment d'excellence qu'a atteint, selon lui, l'humanité le jour où les dieux ont posé le doigt à l'exact mi-chemin de la terrasse colossale de Persépolis où le roi des rois recevait les délégués des nations soumises ; de l'escarpement du mont Behistun où Darius fit graver dans la pierre, en trois langues, l'histoire de ses conquêtes ; des mosquées d'Ispahan dont Malraux disait que le bleu des faïences est là pour s'accorder au ciel et suggérer le paradis ; et des places impériales de Chiraz et Ardabil dont la splendeur n'a d'égale, selon lui, que celle d'Athènes et de Rome réunies ! Alors, sur son beau visage de loup que la longue fréquentation de l'Occident semble avoir décapé de son masque achéménide, s'impriment un sourire sans retenue, un regard à l'éclat redoublé et un air d'indéfinissable supériorité vieux, soudain, de deux mille cinq cents ans.

Chez tous, la même fierté.

Chez tous, le même légitime orgueil.

Car, chez tous, le même exact sentiment d'être adossé à un passé incomparable dont ils sont, à jamais, les patriotes.

Mais voici le deuxième trait que les cinq Rois, et leurs sujets, ont en partage.

Ils ont tous, jusqu'aujourd'hui, une conscience claire, modeste, et parfaitement résignée, du fait que la grandeur de ces empires, leur munificence incontestable, l'autorité qu'ils ont exercée sur le monde, ne les a pas empêchés d'être détruits et de disparaître, sans retour, de la surface de la terre.

C'est le lot de tous les empires ?

Sans doute.

Et cela paraît même, à ceux qui se sont penchés sur l'énigme à répétition du triomphe, de la décadence puis de la chute de ces grands ensembles de nations que l'on appelle empires, une loi quasi naturelle.

Pour l'un, c'est quand l'empire a atteint le « maximum » de sa force et que le « nœud social », en s'étendant, commence de se « relâcher », qu'il succombe (Rousseau, *Du contrat social*).

Pour l'autre, il s'est tant étendu qu'il n'a plus rien à redouter de l'extérieur, qu'il nage dans des « eaux trop tranquilles », qu'il se désarme – et il succombe aussi (Montesquieu, *De l'esprit des lois*).

Pour le troisième, c'est quand, comme le Reich de Bismarck, il a le sentiment de n'avoir plus d'ennemi à redouter et de ne voir venir nulle part de « contradiction » propre à éprouver, tremper, sa « nécessité » qu'il perd sa force et s'effondre (Nietzsche, *Généalogie de la morale*).

Pour cet autre (Gibbon, *Histoire de la décadence et de la chute de l'Empire romain*), c'est sa « prospérité » qui, tel un bouillon de culture ou une mauvaise pharmacie, « mûrit, pour ainsi dire, les principes de décadence qu'elle renfermait dans son sein » – dans le cas de Rome, la perte des dieux antiques et le mauvais génie du christianisme.

Et puis il y a le livre d'Oswald Spengler, *Le Déclin de l'Occident*, dont 2018 marque le centenaire de la publication et qui, par-delà son objet, par-delà l'Occident dont il annonce l'inévitable effacement, offre un modèle général qui s'inspire, encore, de Nietzsche mais aussi, et surtout, de Goethe et de sa passion pour la botanique : les corps des hommes, dit Spengler, sont comme des plantes ; les corps des sociétés et des cultures sont, plus encore que ceux des hommes, faits de germes, de sèves, de belles arborescences, d'étiolements inévitables et de retours à la poussière ; et il y a une botanique des hommes qui condamne les fortes civilisations à se faner, à dégénérer en molles cultures et à sombrer dans le néant. Musil a eu beau balayer ce fatras et ridiculiser ce mixte de déterminisme baroque, de scientisme à la Diafoirus et d'organicisme byzantin. De Toynbee à Paul Kennedy, de Samuel Huntington à Raymond Aron, du général de Gaulle dont Dominique de Roux m'expliqua un jour qu'il avait emprunté à Spengler un peu de sa conception de la Nation jusqu'à Franz Rosenzweig, auteur génial de *L'Etoile de la Rédemption*, qui ne craignait pas de reconnaître dans le *Déclin* l'essai de philosophie politique le plus puissant jamais écrit depuis Hegel, tout cela reste puissamment inscrit dans les têtes modernes.

En la circonstance, ce n'est pas de l'Occident qu'il s'agit mais des cinq royaumes.

C'est à eux – Ottomans, Chinois, Arabes, Russes et Perses – qu'il a été annoncé, comme dans l'Evangile de Jean : « l'heure vient et c'est maintenant ».

Et mes amis turcs, libyens, russes, iraniens ou chinois, tous ceux que j'ai évoqués et que j'ai, depuis un demi-siècle, croisés sur chacune de ces cinq scènes, ont en commun d'avoir passé l'essentiel de leur vie dans la double certitude d'être les héritiers d'un passé impérial sans égal *mais aussi* les inconsolés d'une catastrophe très certainement irrémédiable.

La Chine demeure, bien sûr, après le sac du palais d'Eté. Mais je n'ai, jusqu'à une date récente, guère rencontré de Chinois pariant sur la résurrection des « jardins de la Clarté parfaite » chers aux empereurs de la dynastie Qing : c'est le Grand Bond en avant qui, dans ma jeunesse, était à l'ordre du jour... puis la Révolution culturelle qui n'avait de culturel que le nom puisqu'il s'agissait de s'amputer de toute culture et, à plus forte raison, de tout passé... quand on disait « Cent Fleurs », il s'agissait des absentes au bouquet de bambou, branches de prunier, orchidées, chrysanthèmes, que les lettrés confucéens appelaient les « quatre fleurs de Junzi » et dont on ne voulait plus rien savoir... puis vinrent les « quatre modernisations »... puis la lutte contre les « quatre vieilleries »... On n'aurait su mieux dire. On voulait jeter les bases d'un type de régime inédit, hybridant le capitalisme le plus sauvage et ce que le socialisme avait produit de plus tyrannique – en aucun cas renouer avec les dynasties brisées d'un empire oublié...

Quand l'empire ottoman se voit démembré par la coalition victorieuse de la Première Guerre mondiale, la question n'est pas de savoir si, quand, comment et par la main de qui il va pouvoir un jour renaître. La question, la seule, posée aux témoins de l'événement comme à ceux qui, tout au long du siècle, jusqu'à Erdogan non compris, tenteront de construire la Turquie moderne, sera de savoir à quel moment, au juste, il a commencé de mourir : la défaite devant Vienne, bataille de trop ? l'émancipation de la Grèce et l'enthousiasme philhellénique des élites européennes ? les guerres contre la Russie ? avant ?

Même fatalisme en Russie, dont l'effondrement mystérieux, en 1989, fut suivi d'une reddition politique et idéologique sans conditions et qui, de nouveau, paraissait sans recours : on demandait si la Russie n'était pas, en réalité, et malgré son expansionnisme de façade, déjà sortie de l'Histoire... on formait l'hypothèse que le soviétisme n'avait été qu'une illusion sans avenir, un leurre long, l'arbre rouge qui cachait la forêt d'une historicité moribonde... on calculait le temps qu'il faudrait aux compatriotes de « Gorby » pour devenir, enfin, un pays occidental comme les autres... mais raviver les formes défuntes, réinsuffler de la vie dans le cimetière soit des tsars soit des hommes de marbre du stalinisme, faire rentrer au Kremlin les mânes des grands boyards, des cosaques ou des ingénieurs des âmes du socialisme, nul n'y songeait...

Même défaitisme dans le monde arabe dont les siècles de splendeur paraissaient si lointains : Omeyyades, Abbassides, Fatimides... puis, peu à peu, la fitna... la division fratricide... le rouleau compresseur ottoman... le repli sur les « salaf », ces « pieux prédécesseurs », dont les noms feront barrage à tous les ferments de modernité et dont le culte « salafiste » sera, d'après Abdel-wahab Meddeb, l'un des grands responsables de la « maladie de l'islam »... et puis la Nakba, la « catastrophe », qui semblait le mot de la fin et signifiait à tous que l'aventure impériale était finie, qu'elle n'existerait plus que sur le mode de la rêverie, du retour impossible à une pureté perdue ou du forçage terroriste.

Et, quant à l'empire perse, lui aussi était chose passée ; lui aussi dormait enfoui sous les sables des archéologues ; de lui non plus, nul ne pouvait imaginer qu'il repartirait un jour à la conquête du monde ou même de l'Oumma ; et ce n'est pas la kitschissime commémoration, en 1971, du 25e centenaire de Persépolis qui aura fait changer d'avis les Iraniens. Débauche de faux faste déployé par le dernier shah... Multiplication de jardins importés, à prix d'or, d'Europe et, en particulier, de Paris... Des dizaines de milliers d'oiseaux qui étaient censés ressusciter le chant du Simurgh, ce volatile mythique dont le zoroastrisme disait qu'il était immortel et qui arrivèrent, eux aussi, par containers avant de mourir de chaleur dans le désert... Ces défilés de prétoriens revêtus des tuniques brodées, des jupes, des turbans, des tiares en forme de bonnet des anciens guerriers aché- ménides... Dans tout cela, chacun s'accorda à voir une parade navrante. Et c'est de tout cela, de ce cirque, de ce théâtre perse, que la révolution isla- mique, sept ans plus tard, entendit faire table rase.

Il y avait, quand j'étais étudiant en philosophie, une histoire qui me fascinait.

C'était celle d'Epicharme, philosophe et auteur de comédies grec du début du Ve siècle avant J.-C., dont l'essentiel de l'œuvre s'est perdu mais dont il reste, outre quelques citations éparses, un « paradoxe » aussi célèbre, chez les Anciens, que les paradoxes de Zénon.

L'homme qui frappe à ma porte, disait-il, n'est plus celui que j'ai invité et je n'ai donc pas à lui ouvrir.

L'homme à qui je réclame sa dette n'est plus celui qui l'a contractée et il est donc fondé à ne pas me rembourser.

La galère sacrée de Délos, disaient d'autres après lui, est réputée la même depuis le temps où elle a transporté Thésée en Crète alors qu'on en a changé, au fil des siècles, chacune des pièces.

Et une ville dont tous les bâtisseurs, comme c'est souvent la règle avec les guerres, les dissensions intérieures, les tyrannies, ont dû s'exiler dans une lointaine colonie, une cité dont les habitants ont perdu le contact, fût-ce à travers la mémoire orale, avec ses commencements légendaires, cette cité-là ne tire plus de ce commencement ni substance ni élan – elle porte, certes, le même nom, mais ce n'est plus qu'un nom, un référent, une cendre.

Eh bien mon ami turc, mon ami libyen, mon ami persan, les autres, étaient des Epicharme mélancoliques mais résignés qui ne chantaient si bien la gloire de leur empire que parce qu'ils le pensaient homonyme de ce qu'il était devenu.

C'était il y a trente ans, dix ans, parfois moins.

Cette gloire n'était que poussière, présence vague des morts, musée définitif.

Rien n'était plus éloigné, dans ces contrées, que l'idée même d'une résurrection de la volonté, de la représentation et du monde de l'empire.

Mais survient l'Evénement.

Et c'est le dernier trait commun aux cinq scènes – et le plus impressionnant.

Ces empires abolis, ces « calmes blocs ici-bas chus d'un désastre obscur », ces totalités de nations résignées à leur effondrement, tout cela se réanime, se remet en branle et, considérant la part du monde laissée à découvert par le recul américain, se prend à rêver, s'essaie à la prédication et repart à l'assaut de l'Histoire.

On ne voit pas les Tunisiens se piquer de relever Carthage.

Ni les Macédoniens d'ex-Yougoslavie revendiquer, au-delà de la querelle avec la Grèce sur la propriété de leur nom, l'héritage d'Alexandre.

Ni un oligarque d'Oulan-Bator, enrichi dans le tungstène, entrer en politique en faisant l'éloge de Gengis Khan.

Et qui, hormis dans les rangs de l'islamo-gauchisme le plus obtus, pouvait soupçonner le Royaume-Uni d'être entré dans la guerre de Libye par réflexe impérialiste ou la France d'être intervenue au Sahel pour recoloniser l'Afrique de l'Ouest ?

C'est pourtant bien, là, ce qui se passe.

Ce sont les grands caïmans du Nil, du Tigre, de l'Euphrate, du fleuve Jaune et de la Volga qui tiennent la dragée haute à Little Boy et, dans leurs projets les plus fous, se voient n'en faire qu'une bouchée.

Et la marque de notre temps c'est la fonte

de ces paroles gelées que l'on pensait vouées au repos éternel mais que l'on entend grincer, gémir, remonter des abysses, prendre corps et redonner vie à l'esprit des conquérants.

L'un – Erdogan – a trop à faire avec la répression des coups d'Etat passés et à venir et avec la reconstruction de son armée pour s'accorder, céans, tous les moyens de son ambition. Mais le projet est là. Il s'affirme, en Syrie, à travers le soutien militaire aux groupes islamistes du Front Al-Nosra ou même, au début, aux djihadistes apparentés à Daech ; en Azerbaïdjan, à travers la solidarité surjouée avec les « frères » azéris en guerre, dans le Haut-Karabakh, contre une Arménie vue, plus que jamais, comme la patrie refuge d'un peuple en trop ; au Soudan où, à la veille du 1er janvier 2018, il se rend à l'invitation du criminel contre l'humanité el-Béchir et réaffirme là, depuis l'île de Suakin qui fut ottomane pendant trois siècles, sa volonté de redevenir « le lion du monde musulman » ; en Tchétchénie, contre « l'ami russe » ; à Chypre, contre la Grèce ; en Palestine, contre un Israël à qui l'on avait failli pardonner, dans le dernier quart du XXe siècle, de s'être « greffé en terre musulmane » mais dont on ne supporte plus qu'il soit un chancre sur le corps historique de l'empire ottoman ; et quand la Bosnie-Herzégovine s'abstient, à l'ONU, lors du vote de la résolution condamnant le transfert à

Jérusalem de l'ambassade américaine, comment réagissent le néosultan et les siens ? de quel type d'argument fait-on usage pour, dans le *Daily Sabah* du 21 décembre, faire honte aux Bosniaques de leur vote ? on invoque le temps béni où la Bosnie et la Palestine étaient des willayas constitutives du même sultanat ottoman et on en appelle – tout est dit ! – à la reconstitution de cette solidarité ancestrale.

L'autre – Poutine – n'a pas tout à fait, lui non plus, les moyens de ses prétentions. Mais peut-être a-t-il été plus chanceux. Ou plus fin manœuvrier. Ou est-ce la longue habitude des « Services » qui lui a laissé les justes codes permettant de déchiffrer les signes de la défaillance adverse. Toujours est-il qu'il n'est pas loin, mine de rien, d'avoir reconstitué les frontières de cet empire soviétique dont l'implosion fut, à ses yeux, la catastrophe géopolitique majeure du XXe siècle. Il a réalisé le double rêve de venger, via l'annexion de la Crimée, l'affront fait à son grand modèle, Nicolas Ier – et de s'installer durablement, via le soutien sans faille à Bachar el-Assad, au cœur d'une Méditerranée que les grands-russes ont toujours vue comme la mère des mers. Et, *last but not least*, il s'est emparé du projet eurasien né, dans les années 20 du XXe siècle, sur la table de dissection de l'anti-occidentalisme, à partir de

« la » grande rencontre que les Alexandre Douguine et autres préposés à l'ordre idéologique reçoivent mandat de réorchestrer. D'un côté, le parapluie panslaviste à l'abri duquel la Russie a longtemps rêvé d'un destin de troisième Rome, équidistante de l'Europe et de l'Asie. De l'autre, la machine à coudre le grand manteau de langues touraniennes, ouraliennes, altaïques, dont les linguistes du Cercle de Prague, les Jakobson, les Troubetzkoï, les Vilém Mathesius, ces savants métaphysiciens surtout connus, en Europe, pour avoir jeté les bases de la révolution structuraliste, ont analysé les timbres, les accents, les passages vers le sanscrit, les migrations infinies – et dans les travaux desquels les poutiniens voient la justification du fait que la Russie n'est pas l'Occident, qu'elle a toujours été porteuse d'une civilisation singulière et qu'un empire est possible qui ira « de Vladivostok à Gibraltar » et opposera la « Terre mondiale » que devrait être le pays des tsars rendu à sa vocation à l'« Ile mondiale » que seront de moins en moins les Etats-Unis.

Avec mon ami iranien, je parle d'à peu près tout. Mais il y a un sujet devenu tabou. C'est la constitution de ce croissant chiite qui a coûté si cher aux Kurdes. C'est la mainmise sur la Syrie et le Liban via le Hezbollah. C'est le soutien sans fard aux djihadistes, pourtant sunnites, du Hamas.

C'est l'hostilité à Israël dont les Gardiens de la révolution seront bientôt les derniers, si les pays arabes continuent de baisser d'un ton, à faire une cause sacrée. C'est, ce dimanche 7 janvier 2018, l'étrange déclaration d'Ali Shamkhani, secrétaire du Conseil suprême de sécurité nationale, rappelant les liens historiques entre son pays et le Pakistan et appelant à renforcer, face aux « menaces » américaines, la « coopération bilatérale » avec lui, en particulier sur le terrain du « renseignement ». C'est, bien sûr, la volonté de moins en moins déguisée d'avoir leur part, quel qu'en soit le prix, à l'administration des lieux saints de La Mecque. Ce sont telles terres d'Asie centrale ou du delta du Gange dont on commence de rappeler, mezzo voce, l'iranité. Bref, c'est le grand retour de l'Iran comme acteur régional majeur, leader possible du monde musulman et, un jour, qui sait ? puissance mondiale.

Ceux des pays arabes sunnites qui sympathisent avec le radicalisme ne sont évidemment pas en reste et ne lésinent pas sur les moyens pour contrer cette percée iranienne. Faut-il rappeler le rôle du Qatar, avant son rapprochement avec Téhéran, dans la promotion des Frères musulmans et l'invention d'Al-Qaida ? Celui de l'Arabie saoudite, au moins jusqu'en 2016, dans le financement et l'armement idéologique de Daech ? Et, au Yémen, le recours à une diplomatie de la canonnière qui ne recule devant aucun massacre de civils, aucun blocus humanitaire, pour empêcher les rebelles houthis d'ouvrir la voie aux néo-Perses ?

Et quant aux Chinois, il est notoire que le réseau pharaonique de ports, pipelines, terminaux divers, gazoducs, villes nouvelles, qui doit, d'ici 2024, relier la Chine à l'Europe et à l'Afrique et dont le président Xi Jinping a annoncé, en septembre 2013, à l'université Nazarbaïev au Kazakhstan, la très prochaine mise en œuvre, reprend l'ancien tracé de pistes que l'on commença d'appeler, du temps des dynasties Han et Tang, la « route de la soie » et qui, de caravansérail en oasis, et de comptoir en forteresse, relia, jusqu'au XVe siècle, la Chine profonde à Alep en passant par la Perse, les hauteurs de l'Hindu Kush, le désert de Gobi ou le Cachemire. Mais c'est une route de la soie puissance mille et qui, aux dernières nouvelles, coûterait mille milliards de dollars ! Et c'est la volonté affichée de devenir, par les seules armes du libre commerce, les nouveaux maîtres du monde !

On parle beaucoup, aux Etats-Unis, ces temps-ci, du « piège de Thucydide ».

Et on entend là, depuis la parution du best-seller de Graham Allison, le moment redoutable où une puissance déclinante (aujourd'hui les Etats-Unis) comprend qu'une puissance ascendante (la

Chine) est en train de la rattraper et, bientôt, de la détrôner et où, comme Sparte courroucée, au Ve siècle avant J.-C., par la montée de l'impérialisme athénien, elle a la tentation de répondre par la guerre.

Je n'aime pas l'implicite de cette théorie qui a le défaut d'inverser étrangement les rôles en mettant les Etats-Unis dans le rôle de Sparte la martiale et la Chine dans celui de la démocratique Athènes.

Je ne crois pas non plus, car les institutions internationales se sont tout de même dotées, avec le temps, de quelques garde-fous, à ce côté « dépêche d'Ems » où l'engrenage fatal d'un affrontement mondial s'enclencherait à partir d'un incident mineur, type provocation de nationalistes japonais en mer de Chine ou déclaration intempestive d'un président nord-coréen.

Et j'y entends surtout une mauvaise voix de défaitisme qui dit à la puissance en passe d'être déclassée : « ne tombez pas dans le piège ; identifiez vos intérêts vitaux ; comprenez ce que veut réellement l'adversaire ; et, si la force des choses en décide ainsi, inclinez-vous ».

Mais le plus grave à mes yeux c'est que, si l'on va au-delà du seul conflit avec la Chine et que l'on prend en bloc les cinq nouveaux « rois » occupés à braver l'Amérique, on voit un autre piège qui se profile et qui pourrait bien être celui, non de Thucydide, mais d'Hérodote.

Hérodote est, avant Thucydide, l'inventeur de l'Histoire.

C'est le voyageur et mémorialiste qui a consigné, en langue exacte et homérique, la chronique de la guerre, non des Hellènes contre les Hellènes, mais des Hellènes contre les Mèdes qu'on appellera bientôt les Perses.

Et c'est le peintre des batailles de Marathon, Salamine et Platées qui furent l'acte de baptême du miracle grec et la voie rendue libre, bien plus tard, pour cette continuation du miracle que seront les empires hellénistiques, l'imperium romain, puis, de proche et proche, une mue suivant l'autre, le règne de l'Occident.

Et si le récit d'Hérodote trouvait, deux mille cinq cents ans plus tard, un autre dénouement ?

Et si les vaincus de Salamine, de Suse et de Marathon, mais aussi ceux de Grenade, de Lépante, du sac du palais d'Eté et même de la guerre froide étaient en train de prendre leur revanche ?

L'Arabie saoudite, je le répète, est censée être l'alliée des Etats-Unis : mais il faut beaucoup d'inconscience pour négliger le rôle pour le moins trouble qu'elle a joué dans l'équipement et la montée en puissance de Daech.

175

L'Iran a signé un traité gelant son programme nucléaire et je suis, d'ailleurs, de ceux qui, parce qu'il était parvenu au seuil critique et que le monde n'avait plus d'autre choix que de parier sur les vertus du compromis, étaient plutôt favorables à cet accord : mais traité n'est pas paix – et chacun sait que le régime, persévérant dans ce qu'il est, continue de faire de la croisade contre l'Amérique et ses alliés une priorité stratégique.

C'est, avec la Russie, une guerre larvée, presque froide. Elle se garde certes, pour le moment, de déborder trop ostensiblement hors de ce qu'elle considère comme ses chasses gardées – Syrie, Ukraine. Mais le projet eurasien est là. Et son but est bien d'offrir une alternative à un projet européen jugé décadent et condamné. Y a-t-il d'ailleurs un parti antieuropéen, en particulier à l'extrême droite, que le Kremlin n'ait soutenu et, parfois, financé ? Y a-t-il une occasion de déstabiliser l'Union européenne que Poutine n'ait tenté de saisir comme quand, au moment de la crise grecque de 2015, il laissa entendre qu'il était prêt à imprimer les réserves de drachmes dont Tsipras, s'il sortait de l'euro, aurait besoin ? Et que dire des menaces militaires bien réelles qu'il fait peser sur l'Europe quand il envoie ses bombardiers flirter avec l'espace aérien de l'Estonie, de la Norvège ou même de la France ?

C'est, avec Ankara, une guerre paradoxale puisque la Turquie est une pièce maîtresse du dispositif stratégique de l'OTAN. Mais cela ne rend-il pas d'autant plus inquiétante la menace, en mai 2017, suite à la décision des Etats-Unis d'accroître leur aide à la résistance kurde en Syrie, de limiter l'accès de leurs militaires à la base d'Incirlik ? Ou l'intention, à maintes reprises exprimée par Erdogan (la dernière fois, en novembre 2016, au retour d'un voyage en Ouzbékistan), de rejoindre, si on ne lui ouvrait pas plus grandes les portes de l'Union européenne, une Organisation de coordination de Shanghaï dominée par Pékin et Moscou ? Ou, dûment documentées par des photos satellites parues à l'époque dans le grand quotidien libéral *Cumhuriyet*, les files de camions bâchés apportant du matériel militaire à Daech en train de jeter ses dernières forces dans la bataille de Kobané ? Ou, fin janvier 2018, à Afrin, le franc défi de l'armée turque à l'armée américaine qui, comme à Kirkouk, s'est couchée en annonçant qu'elle ne livrerait plus d'armes aux insurgés kurdes ? Ou encore, bien avant tout cela, dans le discours d'acceptation d'Erdogan, en décembre 2010, à Tripoli, du Prix international Kadhafi des droits de l'homme, sa profession de foi de Frère musulman voyant dans l'islamophobie un « crime contre l'humanité » ?

Et, quant à la Chine, le mépris d'acier qu'elle professe à l'endroit des règles du droit international, ses ambitions en mer de Chine méridionale, les travaux de remblai colossaux qu'elle a engagés, depuis 2014, dans l'archipel des Paracels et des Spratleys, la création de toutes pièces, la *poldérisation*, de bases navales et aériennes nouvelles, bref son expansionnisme de moins en moins déguisé – tout cela ne fait-il pas d'elle une puissance aventurière dont on redoute de plus en plus ouvertement, dans les états-majors occidentaux, qu'elle n'allume un jour la mèche d'un conflit régional sérieux ? D'autant que, face à cela, le président Trump a, de nouveau, battu en retraite quand, au premier jour de son mandat, il a révoqué la participation de son pays au Traité transpacifique de libre-échange multilatéral qui avait, entre autres mérites, celui de maintenir une présence américaine dans la zone...

Nous n'en sommes pas là.

Mais qui sait de quelle ruse de l'Histoire, de quels Marathon à l'envers, les tenants de l'America First pourraient être, un jour, les instigateurs malheureux ?

Les cinq Rois ne le savent pas eux-mêmes.

Ils voient juste cet effacement sans préavis du colosse qui les avait, si longtemps, tenus en respect.

Et ils pensent que, contre toute attente, leur heure est revenue.

CHAPITRE 3

Dante, Abraham et la guerre des cinq rois

Entendons-nous.

Nul ne reprochera à un grand peuple, fort d'une grande civilisation et riche d'une ancienne culture de donner de la voix et de la faire entendre, cette voix, au-delà des frontières que la nature ou l'Histoire lui ont tracées.

Il n'y a pas d'argument qui, en principe, je dis bien en principe, puisse s'opposer à la volonté d'un roi souhaitant changer l'ordre du monde et accéder, lui aussi, s'il en a les moyens, à une forme d'impérialité.

Et je suis de ceux qui – c'est l'un des axiomes de ce livre – n'ont rien contre la forme impériale en tant que telle : ni dans l'Histoire ni aujourd'hui ; ni en Occident ni en Russie, en Chine, en Iran, etc.

Bien sûr, il y a des empires qui oppriment.

Bien sûr, il y a des empires qui massacrent.

Bien sûr il y a eu, il y a, des empires où l'esprit colonial, avec son cortège de crimes, d'humiliations et, comme disait Hannah Arendt, de « massacres administratifs », est comme une seconde nature.

Mais, d'abord, les non-empires, les Etats sans empire, ne sont, dans ces matières, pas en reste et l'on a vu au moins autant de méfaits de cette sorte commis au nom du souverainisme que de l'impérialisme.

Et surtout, si l'on prend pour critère du jugement politique le mal que les hommes font aux hommes et, en amont de cela, la force de la maîtrise qu'ils exercent sur leurs semblables et qui, le moment venu, rendra possible ce mal, il y a dans la forme empire quelque chose qui, paradoxalement, va dans le sens d'un allègement de la pression et, donc, qu'on le veuille ou non, d'une plus grande liberté.

C'était la thèse de Musil quand, avec Hermann Broch et nombre d'écrivains austro-hongrois du début du XXe siècle, il prédisait que, malgré sa bureaucratie, malgré la médiocrité de ses souverains et ses penchants « cacaniens », l'empire des Habsbourg apparaîtrait un jour comme un système « naufragé » mais « incompris » et, à bien des égards, « exemplaire ».

C'était celle d'Alexandre Kojève quand, à la veille du mouvement mondial d'émancipation des peuples qui allait aboutir à l'éclatement des mauvais empires coloniaux, il prenait le risque d'appeler encore « empire » l'objet politique nouveau qu'était la Communauté européenne naissante et dont le projet était de conjurer le retour, non seulement de la guerre et des totalitarismes, mais, précisément, du colonialisme.

Et c'était, bien avant eux tous, celle de Dante Alighieri dans le mystérieux *De Monarchia* qui, en dépit de son titre, était, lui aussi, un éloge de l'empire.

Nous sommes au temps où les cités italiennes sont le théâtre d'une bataille féroce entre « gibelins » partisans du Saint Empire romain germanique et « guelfes », partisans de la papauté.

Et, au sein même du camp guelfe, après qu'il a triomphé des gibelins, le conflit fait rage entre guelfes noirs (partisans de laisser à la papauté une autorité maximale, jusques et y compris dans les affaires temporelles) et guelfes blancs (qui entendent limiter le pouvoir du Saint-Siège et sont proches de ce que l'on appellerait, de nos jours, un esprit « républicain »).

Dante a d'abord été guelfe blanc.

Il a été banni, pour cela, par les noirs et a dû, en 1302, quitter sa chère ville de Florence.

Mais voilà que, plus tard, en exil, il change apparemment d'avis et rejoint le camp gibelin.

Pourquoi ?

On dit toujours que c'est par amertume, pour se venger de ceux qui l'ont chassé et au terme d'une palinodie bien dans l'esprit de cette guerre des villes italiennes dont Ernst Kantorowicz, dans les pages des *Deux Corps du roi* qu'il lui consacre, montre qu'elle est comme une scène primitive où se répète l'histoire européenne à venir.

Je ne crois pas cela.

Je crois que Dante s'est posé, en réalité, deux questions distinctes qui ont appelé deux types de réponse de nature et, surtout, de niveau différents.

Soit le débat, dans sa jeunesse, entre les formes de souveraineté papale et impériale.

Soit la question de savoir qui, du pape ou de l'empereur, est le véritable héritier des empereurs romains et mérite, à ce titre, la double couronne du « rex » et du « sacerdos ».

Pour le bien de Florence et parce que, des deux forces en présence, des deux mains qui aspirent à peser sur sa petite cité, la plus lourde lui semble être, à l'époque, celle de l'empereur, il a pris le parti des guelfes blancs.

Mais arrive alors l'autre question, plus essentielle, posée depuis les Grecs, qui est celle de la forme du gouvernement.

Arrive le vieux problème aristotélicien du type

de régime où l'homme, cet « animal politique », aura, pape ou empereur peu importe, les plus grandes possibilités d'être libre.

Et là, toujours pour le salut de Florence, l'auteur de la *Divine Comédie* dont on oublie trop qu'il fut aussi philosophe, lecteur rigoureux de saint Thomas d'Aquin et, justement, d'Aristote, répond ceci : dans la nature, le tout est ontologiquement supérieur à la partie ; dans cette autre nature qu'est la nature sociale, les hommes ont plus de chances de développer leur *ethos* civique au sein de leur village qu'au sein de leur famille, ou au sein d'une cité qu'au sein de leur village ; eh bien ils augmentent encore cette chance quand ils passent à l'étage supérieur et subordonnent chacune de ces appartenances à leur intégration dans un empire.

Je résume, naturellement. J'extrapole. Et le *De Monarchia* ne dit évidemment pas les choses en ces termes. Mais l'idée, me semble-t-il, est bien celle-là.

L'esprit de cité seul, c'est la guerre car – tous les Italiens de l'époque en sont les témoins horrifiés – il est dans la nature d'une cité de vouloir s'imposer à sa voisine ; et l'esprit d'empire, face à cela, face à cette guerre de toutes contre toutes qui est l'état naturel de la relation entre libres cités, est une chance donnée à la paix.

Mais l'esprit de la cité seule, la multiplicité des petites cités juxtaposées et vivant de leur vie propre, c'est aussi – et ça, c'est lui, Dante, qui l'a découvert, au moment de son exil – la possibilité multipliée, autant de fois qu'il y a de cités, de voir surgir un tyran. C'est un monde morcelé, chaotique, devenu une « hôtellerie de douleurs », un « navire sans nocher », c'est-à-dire sans « capitaine », où règne l'arbitraire. C'est un régime de pouvoir élémentaire, rustique, qui pèse sur les libres citoyens, les étouffe, les exile sur simple dénonciation et engendre une sujétion de proximité qui est, de toutes, la plus accablante. Face à quoi l'esprit d'empire a des mérites, peut-être involontaires, mais non négligeables. Il repose sur un homme, et il est plus à la portée de nos intelligences de parier sur la vertu d'un seul que sur celle d'une multiplicité. Le maître, dans un empire, est généralement lointain et n'a plus les moyens d'entrer dans la vie de chacun et de la régir. Il semble, du coup, si abstrait qu'il en devient absent et qu'on finirait presque par l'oublier. Peut-être aussi, comme le diront, bien plus tard, les Austro-Hongrois, une organisation politique qui déplace l'horizon des hommes et leur permet de se dire d'ici mais aussi d'ailleurs ou de là-bas, a-t-elle pour vertu de les émanciper en même temps qu'elle les opprime. Tout se passe, en d'autres termes, comme si l'esprit d'empire augmentait les chances : 1. de refroidir la pression du tout sur la partie et 2. de réchauffer la petite flamme de la liberté civique et citadine qui est ce à quoi Dante tient, somme toute, le plus. Est-ce un hasard – c'est le *De Monarchia*, là, qui parle – si c'est l'empire romain qui a, malgré ses forfaits et ses corruptions, malgré la brutalité avec laquelle il a enterré la République, inventé l'idée moderne de citoyenneté et de droit ? Allons, conclut-il à l'adresse de la « race italienne », il est temps de « laisser César » s'installer à nouveau « sur ta selle » ! Allez, en avant l'empire qui est, avec ses vices, ses défauts, sûrement ses monstruosités, ce qui se rapproche le plus de ce que, cinq siècles avant Kant, il appelle la « société universelle du genre humain » !

Guelfe et gibelin, donc.

Guelfe puis gibelin, sans reniement ni contradiction.

Et une théorie républicaine de l'empire qui n'a aucune raison de ne valoir que pour Florence et les Florence d'aujourd'hui.

Imaginons, un instant, cinq rois dont l'ambition serait de faire un pas dans les rangs de cette universalité humaine.

Imaginons l'ancienne Perse voyant triompher l'insurrection démocratique de janvier 2018 et retirant aux Pasdarans le pouvoir de terroriser le monde ; la Chine éternelle entrant, serait-ce à petits pas, dans le concert des nations responsables et usant des leviers dont elle dispose pour ramener à la raison la Corée du Nord ou lutter, durablement, contre le changement climatique ; imaginons la Turquie changeant de direction et renouant, par extraordinaire, avec un kémalisme qui, miracle supplémentaire, commencerait de se mettre lui-même au clair avec sa propre mémoire criminelle.

L'on ne verrait aucune objection à ce que rayonne, ici, l'esprit de Rûmî ; à ce que la leçon de Confucius resplendisse, là, jusqu'à Rangoun et Oulan-Bator ; et j'ai le souvenir d'avoir, moi-même, au tout début de la tragédie syrienne, regardé avec intérêt un « plan turc » qui, dans le contexte de démission généralisée des grandes puissances, semblait avoir au moins le mérite de proposer une no-fly zone, des corridors humanitaires, ainsi que des zones tampons, certes contrôlées par Ankara, mais où les victimes de cette guerre atroce pouvaient peut-être trouver refuge (Erdogan, à l'époque, n'était pas encore le boucher d'Afrin... il n'était pas ce concierge des portes de l'enfer usant de sa position géographique comme d'un levier de chantage sur l'Occident... il n'avait pas poussé le cynisme jusqu'à oser appeler « Rameau d'olivier » une opération d'épuration ethnique…).

Entendons-nous encore.

Je n'ai rien non plus, en soi, contre le fait qu'un « roi » conteste un « empereur ».

Je ne connais pas d'argument qui, en principe, s'oppose à ce qu'un peuple, fort ou non d'une grande civilisation, riche ou pas d'une ancienne culture, défie l'empire dominant.

Et j'ai trop aimé les voyages et les explorations, je suis trop attaché à la diversité humaine et à sa bigarrure, j'ai trop peur de cette entropie qui, au nom d'un universel simplifié, uniformise, standardise et arase les singularités, pour n'être pas quelque peu rassuré quand je vois des rois résister à cela.

C'était, bien sûr, et malgré l'incipit provocateur de *Tristes Tropiques*, la pensée profonde de Claude Lévi-Strauss.

C'est l'autre sens, selon Levinas, de l'épisode de la tour de Babel et de la colère de Dieu contre la tentation qu'ont les hommes d'entreprendre, d'une seule voix, dans une langue unique et appauvrie, de monter à l'assaut du ciel.

Et c'est surtout la signification d'un autre épisode de la Bible, très étrange, très mystérieux et qui a été l'un des embrayeurs secrets de ce livre : l'histoire, en propres mots, de la guerre des quatre rois contre les cinq – ou, selon les commentateurs, de l'Empire contre les cinq rois !

Nous sommes au chapitre 14 de la Genèse.

Apparaissent quatre princes qui s'appellent Kedorlaomer, Amrafel, Ariokh et Tidal mais dont les commentateurs du Moyen-Âge tiennent qu'ils sont les préfigurations des quatre empires du songe de Daniel : Babel (Babylone), Madaï (la Perse), les Grecs (dont la royauté, dit Nahmanide, s'étend sur le monde depuis le triomphe d'Alexandre) et Edom (c'est-à-dire Rome).

Apparaissent quatre noms qui sont comme des allégories, le Maharal de Prague dira des « directions », presque des « points cardinaux », nous dirions aujourd'hui des « paradigmes » ; et, parce que ces noms sont, tous les quatre, porteurs d'une même exigence d'universalité appelée à se déployer dans l'espace (Babel au nord, la Grèce au sud, la Perse à l'est et Edom regardant vers l'ouest) non moins que dans le temps (ils viendront un à un, en bon ordre, le quatrième englobant finalement les trois premiers), on peut estimer qu'ils n'en font qu'un et méritent d'être, collectivement, malgré leur morcellement provisoire, renommés « l'Empire ».

Et voici, face à cela, cinq rois dont deux sont les rois de Sodome et de Gomorrhe – mais dont les trois autres (Shin'av, roi de Adama ; Shemé-ver, roi de Tsvoïm ; et Tsoar, roi de Béla) sont de parfaits inconnus, impossibles à situer dans la chronologie biblique et dont la seule chose que l'on sache c'est, dira Rachi, que leurs noms sont des jeux de mots affirmant leur très profonde noirceur (Chem'éver ne signifie-t-il pas, dit-il, celui qui s'est fixé des ailes pour aller combattre Dieu ?).

Or le premier bloc entre en conflit avec le second.

L'Empire, après « quatorze années » d'une « drôle de guerre » passée à s'observer, attaque les cinq rois et les défait sur un champ de bataille, près de la « mer salée », dont il est dit qu'il apparaît « couvert de puits de bitume ».

Non contents d'être défaits, les cinq rois sont écrasés ; leurs armées sont mises en charpie et fuient vers les montagnes ; leurs villes sont entièrement pillées ; et deux d'entre eux, les rois de Sodome et de Gomorrhe, tombent au fond des puits de bitume.

Et que croit-on, alors, qu'il se produit ?

Abraham, l'apprenant, ceint sa plus belle épée, rassemble 318 de ses serviteurs « les plus exercés » et, converti en une sorte de chevalier de la Table ronde, vole au secours des rois vaincus.

Abraham le patriarche, Abraham à qui Dieu

va bientôt dire « ne crains point, je suis ton bou-
clier », Abraham qui n'a, à cet instant, qu'un vrai
souci qui est de se voir « aller sans descendance »
et n'avoir « pas d'héritier pour sa maison », prend
la décision très surprenante de sauver ce qu'il y
a de pire dans l'humanité, sa lie bitumineuse – à
commencer par Sodome...

Les glossateurs, face à cet épisode étrange, ont
une explication.

Le hasard a fait que Loth, neveu d'Abraham, se
trouvait à Sodome en train de faire des affaires.

Malencontreusement pris dans la tourmente
de la bataille, il a été capturé par les armées de
l'Empire.

Et, alerté par un contingent de fuyards, peut-
être par Og, le géant, déjà rescapé du Déluge,
peut-être par Mikaël, l'ange par excellence, celui
dont le nom signifie « qui est comme Dieu » et
dont Samaël, c'est-à-dire Satan, jeté du ciel par
le Très-Haut, vient d'agripper l'aile pour tenter
de l'entraîner dans sa chute et en faire, à son
tour, un rescapé, Abraham n'aurait d'autre projet, quand il monte son expédition, que d'aller
libérer son neveu.

D'ailleurs, une fois le neveu libéré, le preux
chevalier ne repart-il pas illico, à la tête de son
escadron qu'il prend tout juste le temps de nourrir en prévision de la longue route de retour ?

Ne refuse-t-il pas la proposition du roi de Sodome qui souhaite, pour le remercier de l'avoir tiré de son puits de goudron et de lui avoir permis de contre-attaquer, lui offrir une part de butin ?

Sa mission familiale accomplie, insistant qu'il ne veut, pour prix de sa peine, « ni un fil ni un cordon de chaussure », n'abandonne-t-il pas tout ce petit monde à son aventure historique et à son sort ?

L'explication est séduisante.

Et l'on conçoit qu'Abraham soit à ce point pris dans ses problèmes de descendance que l'esprit de famille le dévore.

Mais ce n'est pas assez.

D'abord parce que Loth, neveu ou pas, est un personnage peu recommandable qui, une fois délivré, n'aura rien de plus pressé que de tourner le dos à l'oncle salvateur et, dans un geste d'ingratitude tout à fait immoral, de revenir à Sodome où il deviendra juge et donc, dans la cité du Mal par excellence, agent de la gestion de ce Mal.

Mais surtout parce qu'Abraham, quitte à le sauver, avait d'autres manières de le faire qu'en prenant si ouvertement parti pour les cinq rois ; il aurait pu, comme dans une prise d'otage moderne, négocier avec les ravisseurs, faire valoir que son neveu était une victime collatérale de la guerre, payer une rançon ; il n'était en rien obligé, ni de déclencher une nouvelle guerre, ni, au terme de cette guerre, de remettre les cinq rois sur leur trône.

Non.

Il y a là, me semble-t-il, à l'orée du texte biblique, une leçon bien plus profonde, déroutante et *talmudiquement paradoxale*.

1. La glaise humaine est ainsi faite que le pire s'y mêle toujours avec le meilleur en un dosage incertain et instable. Et c'est de cela que le « cas Loth » est la preuve. Car voilà un être de qualité, descendant de Noé, donc de souche sainte. Voilà un homme hospitalier car faisant tout ce qu'il peut, à Sodome, pour protéger les anges qui sont venus trouver refuge dans sa maison et que les sodomites veulent absolument « connaître ». Mais n'est-il pas, en même temps, assez immoral pour s'être trouvé là, à Sodome, étrangement et coupablement à l'aise, lorsque l'a surpris l'opération militaire de l'Empire ? Puis pour, une fois libéré, persévérer dans son erreur et, tournant le dos à Abraham, retourner se vêtir du manteau de Sodome ?

2. La loi des royaumes et des empires, c'est-à-dire de l'humanité quand, de plurielle, elle tend vers l'Un, est ainsi faite, elle aussi, que la même confusion y règne. Prenez Sodome, encore...

Sodome, il faut le dire et le redire, c'est le Mal. Sodome est cette ville traîtresse où l'usage, quand on invite un étranger, veut qu'il ne reparte pas sans avoir été dépouillé de ses biens. Sodome, nul locuteur ou lecteur de la Bible n'est supposé l'ignorer, est cette ville criminelle où, quand on entre dans un lit et qu'on est trop petit, on vous écartèle pour vous mettre à sa dimension et, quand on est trop grand, on fait le contraire et on vous coupe les pieds. Sodome et, par extension, les cinq royaumes sont des raboteurs de têtes et de pieds qui dépassent, des usines à humains standardisés, des faucheurs de singularités qui remettent les compteurs de l'espèce à zéro. Terrifiant ! Mais en même temps… Que dire, en même temps, de l'Empire ? Le livre de vie des hommes y est-il tellement plus reluisant ? N'y sévit-il pas les mêmes ratiboisage, arasement des singularités, règne du rien ? Et, lorsque l'on entre dans le détail, lorsque l'on considère ces trois quartiers d'empire dont Edom est l'accomplissement et, à la fin, le nom unique, n'ont-ils pas pour point commun d'avoir, à un moment ou à un autre, œuvré à l'asservissement d'Israël ? Babylone avec sa puissance brute, représentée par l'aigle, son emblème… Paras-Madaï, comparée à un ours insatiable et monstrueux… La Grèce, cette panthère, figure d'une audace qui va jusqu'à oser la négation de l'Alliance... Rome, cette bête à part, qui synthétise les trois autres mais les tourne vers la volonté de néant... En est-il un, franchement, pour racheter l'autre ? Et comment ne pas se dire qu'ils valent bien les cinq rois et auraient eu, non moins qu'eux, leur place au fond des puits de bitume ?

3. Car ce qui intéresse Abraham ce n'est, en réalité, ni l'Empire ni les cinq rois. C'est, à égale distance de l'un et des autres, cette réalité fragile, imperceptible, qu'est, là comme ici, « l'exception ». C'est cette exception absolue qu'est, en langue juive, l'altérité radicale, l'infini de l'humain c'est-à-dire, à terme, la venue du Messie. Or telle est la loi du messianisme qu'il peut s'emparer de n'importe qui, n'importe où, n'importe comment, pour le mener aux plus sublimes accomplissements. Et aucun commentateur n'ignore que David par exemple, le roi Messie, appelé à sauver une humanité éclopée, désespérée et plongée dans les ténèbres, en est la preuve vivante puisqu'il est issu du peuple de Moab, lui-même issu de l'union incestueuse de Loth persévérant dans le vice quand, après la vraie destruction de Sodome, il s'accouple avec sa propre fille qui croyait que le monde était détruit et que c'était le seul moyen de repeupler l'humanité...

Traduction ?

Il ne faut se priver, quand on attend le Messie, d'aucune des possibilités de l'humain.

Il faut, même quand on ne l'attend pas, ne fermer aucune des portes, fût-ce au cœur des cinq royaumes, qui s'ouvrent pour l'humanité et le monde.

Et il faut garder en tête cette leçon secrète qui est aussi une leçon de lucidité : mesuré à l'aune d'Abraham, le Bien n'a que faire de ces histoires d'Empire et de rois ; le Bien, parce qu'il fait exception à l'Histoire et au cours normé des choses, est indifférent à la partition qu'interprète, depuis la nuit des temps, la guerre d'Edom contre les rois de Sodome, Gomorrhe et consorts ; et cette exception qui, un jour, se révélera si grande qu'elle réveillera le genre humain, ce trait de lumière qui fendra les ténèbres et réconciliera les descendants de Noé, peut très bien être, par exemple, la lumière blafarde de Loth ou d'un Loth d'aujourd'hui.

Vivent les rois, pourrait dire, après tout, le Maharal de Prague.

Qu'ils vivent, ces rois, qu'ils survivent et prospèrent car vibre en eux, jusque dans les bas-fonds, la double postulation, qui est au cœur de l'idée messianique, vers le dévoiement et la grandeur, vers l'abjection et la sainteté.

Et, quand bien même cela ne serait pas, il

resterait, dans la résistance des rois rebelles à la prédication impériale, dans leur prétention à prédiquer eux aussi, un je ne sais quoi qui invite l'Empire à la mesure, l'encourage à affiner sa propre parole et participe, à ce titre, de l'aventure de l'humain.

Traduisons encore.

Il y a, dans la montée vers l'empire, un mouvement salvateur (« prie pour la paix de l'empire », dit le Traité des Pères, car, « si l'empire n'existait pas », l'homme serait plus sauvage encore et « dévorerait vivant son prochain ») ; mais il y a aussi, dans sa toute-puissance coruscante et métallique, dans le corset de fer où César enserre et manque étouffer les peuples, une impitoyable férocité (l'empire n'est-il pas, selon le Maharal de Prague commentant Daniel, la grande bête aux dents de fer qui broie toute chair et va de par le monde ?).

Symétriquement, il y a dans la résistance des rois à la prédication impériale quelque chose de déplorable (que de temps perdu ! quel désœuvrement ! à quoi bon ces assemblages intermédiaires ?) et, pourtant, de précieux (des séquences de paroles singulières ; des événements de haute culture ; des tumultes et tohu-bohus féconds ; des orages qui n'ont pas encore été apaisés par l'empire du Rien comme le mystérieux paysage

196

de montagnes et de marécages derrière le sourire terrifiant de la Joconde).

Et c'est en ce sens que l'on peut, par principe, je dis bien par principe, faire crédit de leur bonne volonté et bonne foi à tous ceux qui, de Pékin à Moscou, de Téhéran à Istanbul en passant par les capitales de ce monde arabe auquel m'attachent tant de liens, prétendent entrer autrement dans la demeure de l'universel...

Alors ?

Alors, le problème c'est que ce n'est pas de ce principe, hélas, qu'il est aujourd'hui question.

Ce n'est pas d'un accès nouvellement frayé, hors l'Empire et ses métropoles, en direction de l'universalité humaine et de ses libertés réinventées, qu'il s'agit dans les agitations des cinq Rois.

Le problème, c'est Kirkouk.

C'est le massacre, après Kirkouk, des Syriens de la Ghouta.

C'est le carré des derniers chrétiens d'Orient, ce trésor de l'humanité, en train de passer sous « protection » chiite.

Ce sera, demain, ce qu'à Dieu ne plaise, ma chère Bosnie européenne jugée « non stratégique » par l'America First ; comptant pour rien aux yeux de « l'empire du Rien » ; et abandonnée, indifféremment, aux Ottomans ou, via la Serbie, au nouvel empire eurasien.

Ce pourrait être Israël qui est, lui aussi, et ô combien, dans le viseur de trois au moins des cinq et qui pourrait très bien devenir, au train où vont les choses, un autre « petit pays de merde », fauteur de troubles et de guerres (comme l'avait laissé entendre, dès 2001, un ambassadeur français à Londres, modeste prédécesseur de la scatologie trumpienne).

Bref, le problème c'est qu'on a là cinq puissances dont le programme n'est précisément pas de relancer le jeu des civilisations mais d'en finir avec quelques-unes de leurs plus scintillantes exceptions.

Et le problème c'est que, la politique du dehors se faisant toujours, à la fin des fins, avec les raisons du dedans et vice versa, les types de régime que ces puissances imposent, à domicile, à leurs peuples sont, pareillement, répugnants.

Faut-il rappeler que les cinq sont dans le peloton de tête de la répression des libertés de penser, de se rassembler, de se syndiquer ?

Faut-il redire que le royaume des Saoud continue d'être l'une des plus sanglantes dictatures de la planète (ni partis ni élections ; le crime d'apostasie passible de mille coups de fouet ; une centaine d'opposants décapités à l'épée, en public, chaque année, dans un scénario étrangement semblable à celui des exécutions par Daech) ?

N'est-il pas notoire, puisqu'il s'en vante, que le néo-sultan Erdogan a, depuis le coup d'Etat manqué de juillet 2016, jeté en prison plus de 150 journalistes, fermé 180 organes de presse, purgé 150 000 fonctionnaires et mis en détention provisoire 50 000 suspects dont le seul crime était d'être liés à son ancien allié, Fethullah Gülen, devenu son ennemi juré ?

Et n'en va-t-il pas de même sous le ciel des dictatures qui sévissent en Russie, en Chine et en Iran ?

On est loin du sympathique exotisme, aimé des explorateurs et des poètes.

Rien, là, ne s'apparente à une réinvention de l'idée de l'homme tenue prisonnière dans le réticule de l'empire du Rien.

Rien à voir avec cette autre politique, cette prédication alternative et libératrice que vantent, en Occident, les populistes de gauche.

Mais juste une autre Bête qui va, elle aussi, comme Edom, « de par le monde » mais qui, avec ses cinq visages dotés, chacun, de ses « dents de fer », est bien plus féroce encore.

Et, face à cela, face à ces capitales de la haine qui vouent, non seulement les démocraties, mais leurs propres peuples aux gémonies, face à cette terreur parfois larvée et parfois sans limite, il ne faut faire aucun compromis.

Il y a d'ailleurs dans la Bible – la coïncidence, pour moi, est à nouveau stupéfiante – une seconde histoire de « guerre des cinq rois » qui dit à peu près cela.

L'épisode se situe au dixième chapitre du livre de Josué.

Ces rois-là s'appellent Oham, Pharâm, Japhia, Dabir et Adonisédec et règnent respectivement sur Hébron, Jérimoth, Lachis, Eglon et une Jérusalem qui est encore, à l'époque, entre les mains des Cananéens.

Apprenant que les armées juives, menées par Josué, ont pris Haï et Jéricho et sont en chemin vers Gabaon, ils ont tenté de leur barrer la voie mais Josué a attaqué le premier, semé l'épouvante dans leurs rangs et, avec l'aide de Dieu qui a fait tomber sur leurs têtes des « pierres de grêle », les a mis en déroute.

Et lorsque, revenu au camp de Galgala, il apprend que les rois eux-mêmes ont, comme les rois de Gomorrhe et Sodome, réchappé du massacre et se sont cachés, non dans des puits, mais dans des grottes, il envoie des troupes fraîches, ordonne qu'on les déloge et les pende.

L'inverse des cinq rois d'Abraham.

Plus question, cette fois-ci, de leur sauver la mise.

Plus rien de l'indulgence ontologique qui, dans la première guerre des cinq rois, laissait pétiller les étincelles d'intelligence messianique qui pouvaient être tenues prisonnières chez les méchants.

Les fureurs idolâtres de ces rois cananéens, leurs sacrifices humains, leurs enfants voués aux flammes de Moloch, leurs pluies de cendre et de suie, tout cela était si mauvais, toute cette culture criminelle laissait présager une telle catastrophe pour l'humanité, il y avait là, de surcroît, une pente si douce et si facile (le Tout-Puissant n'avait-il pas dû tonner que, si les Hébreux agissaient « comme les sept peuples cananéens », cette terre les « vomirait comme elle les a vomis » ?) que, face à ce péril unique, il y a un commandement qui est lui-même unique dans l'histoire juive : rompre avec Canaan ; effacer de la terre, de la mer et des nuages l'esprit de Canaan ; obtenir à toute force la sortie des hommes hors de la culture de Canaan (le verset dit très précisément : « tu ne feras vivre aucune âme »).

Cette histoire n'est pas à prendre à la lettre, naturellement.

D'abord parce qu'on a là le type même de texte et, en l'occurrence, de parabole que l'intelligence talmudique, depuis ses origines, s'est précisément donné pour tâche de relire, commenter, interpréter, réinterpréter, métaphoriser mais ne surtout *jamais* prendre à la lettre.

Mais aussi parce qu'une transposition serait, en la circonstance, d'autant plus folle qu'il y a, à Téhéran, des foules de femmes et hommes qui sont sortis du rang des meurtriers et se battent, au quotidien, contre le régime des ayatollahs.

Parce qu'il y a, en Turquie, quantité de citoyens qui, au péril de leur vie, résistent à la dérive autoritaire du régime – l'écrivain Hrant Dink, pour ne citer qu'un nom, froidement exécuté, en 2007, à Istanbul, pour avoir osé rappeler que la reconnaissance du génocide arménien était une question de vie et de mort, également, pour la Turquie.

Et, en Chine, tous ces amis de la liberté, défenseurs des Lumières et des droits de l'homme, dont le représentant le plus éminent, le prix Nobel de la paix Liu Xiaobo, vient, certes, de s'éteindre mais qui demeurent en très grand nombre.

Et, à Moscou, Saint-Pétersbourg, dans toute la Russie, ces correspondants qui me restent du temps où, avec André Glucksmann, nous lancions le mouvement de la nouvelle philosophie et qui me font savoir, de temps à autre, que l'héritage de Soljenitsyne ne se réduit pas, pour eux, à la caricature minable qu'en donnent les *narodniki* pro-Poutine.

Et, encore, ce souvenir, peu de temps avant sa mort, à Tanger, sur la terrasse d'un vieil hôtel que nous avions tous deux connu au temps où il était fréquenté par les écrivains américains, successeurs de la Beat generation, de ma dernière conversation avec Abdelwahab Meddeb. Il venait de relire le texte où Kojève, bien des années après avoir solennellement ratifié la thèse hégélienne d'une Histoire parvenue au terme de son parcours, disait : « non, je me suis trompé ; je viens de découvrir, lors d'un voyage au Japon, le théâtre Nô, l'art lumineux des bouquets et la cérémonie du thé – et je pense qu'il y a, dans ces pratiques pour rien, dans ces pures dépenses et ce snobisme, le signe d'un mouvement des civilisations qui ne s'est peut-être pas arrêté, après tout, avec le triomphe de l'utilitarisme américain et dont celui-ci, bien au contraire, ferait bien de s'inspirer ». Nous avions rapproché ces pages de « D'un entretien de la parole, entre un Japonais et un qui demande » où Heidegger, un peu plus tôt, exposait sa langue, c'est-à-dire celle de la philosophie, à la cuisante épreuve de l'altérité radicale qu'est, en Orient en général, et au Japon en particulier, l'expérience de l'infime et de l'infini, de la nature et du vide, du nombre et de l'étant. Et nous avions joué à imaginer ce qui adviendrait de neuf à la pensée si l'on transposait ici, à Tanger, ce « combat de géants à propos de l'être », si l'on disait « Arabe » au lieu de « Japonais » et si l'on confrontait l'expérience occidentale des Lumières à celle dont se souviennent les grandes cultures arabes dont Meddeb vouait sa vie à défouir les traces.

Ne serait-ce qu'à cause de lui, Meddeb, ne serait-ce qu'à cause de tous ces innombrables de Chine, de Turquie et d'ailleurs, il ne faut jamais se lasser de tendre la main.

Et parce que c'est à ce type d'hommes que je dois d'avoir pu, sans rhétorique, dire et penser si souvent que c'est ma liberté qui se jouait à Sarajevo, Benghazi, Alep, Kirkouk, Kobané ou Afrin, parce que ce sont eux qui font qu'un homme d'aujourd'hui peut, contrairement à l'adage, se sentir aussi proche de ses amis que de sa famille, de ses voisins que de ses lointains et d'un étranger que d'un compatriote, parce que c'est à eux que l'idée d'humanité fraternelle doit d'avoir encore un sens, je ne dirai jamais des cinq royaumes qu'ils sont, fût-ce métaphoriquement, l'équivalent d'un Canaan.

Mais avec les sombres imbéciles, en revanche, qui menaçaient Meddeb de mort, avec tous ceux qui l'obligeaient, lui et ses frères en pensée, comme dans la tragédie d'Euripide, à « adorer ses dieux dans la nuit », avec les monstres froids dont les arcs de triomphe se bâtissent sur nos aveuglements et renoncements, avec les responsables de ces cinq dictatures qui prétendent damer le pion à l'Empire mais aussi à leurs propres peuples sous la botte, la bataille politique et la résistance idéologique doivent être acharnées – et autant on est proche, avec leurs peuples opprimés, du geste d'Abraham, autant, avec eux, leurs oppresseurs, il n'est pas interdit de se souvenir du paradigme de Josué.

CHAPITRE 4

La vague brune

Il y a un test qui ne trompe pas.

Dans les relations entre puissances, même hostiles, il y a la part de l'affrontement et celle du mimétisme.

Il y a la part des valeurs de l'autre que l'adversaire rejette et celle qu'il tente, telle une dépouille anticipée, de s'approprier.

Il y a, dans cette guerre des dieux et des idées à quoi se résume, à la fin, les chocs entre empires, nations, ou nations en quête d'empire, une part d'ensorcellement qui fait que la puissance ascendante n'omet jamais de cannibaliser la puissance à son zénith.

Les Perses, selon Hérodote, avaient, avant de les vaincre, emprunté aux Mèdes leur goût de la gloire et du cérémonial, leur modèle palatial et leur théorie de l'Etat.

Les Macédoniens n'ont, à leur tour, vaincu les

Perses qu'après qu'Alexandre eut appris de ceux qu'il voulait défaire ces éléments de haute civilisation qu'il n'avait pas et qu'étaient, pêle-mêle, l'art de construire des routes et des tombeaux, l'habitude de conserver les actes et les contrats, le sens des institutions, le projet d'une monnaie commune, l'idée d'une humanité partagée entre les mondes asiate et hellène, l'art de recevoir dans l'honneur la reddition d'une citadelle ennemie.

Et, quant à Alaric, l'homme du sac de Rome, qui finit, en 410, par écrire le dernier acte de cet événement interminable, de ce désastre confus en forme d'effeuillage, d'érosion lourde, de forces minées et de manne asséchée, que l'on appelle la chute de l'empire romain, la légende nous l'a présenté comme un horrible barbare déferlant sur la Ville éternelle à la tête d'une horde de pillards. Mais l'historiographie moderne, inaugurée par Fustel de Coulanges, voit en lui un personnage bien plus complexe : intelligent ; cultivé ; vibrant d'émotion, quinze siècles avant Renan, quand il arrive en vue de l'Acropole d'Athènes ; plein de scrupule quand, après des mois de négociations avec les émissaires de l'empereur, il finit par entrer Via Salaria ; clément avec les sénateurs ; respectueux des monuments de la ville ; déjà romain, en un mot ; plus romain que bien des Romains et rêvant de sauver les beautés de Rome autant que de les piller ; Scudéry, le poète gentilhomme, l'adversaire et rival de Corneille, n'est-il pas allé jusqu'à écrire un « poème héroïque » où il le présentait comme un lettré, défenseur de la chrétienté ?

Eh bien ce test du marteau mimétique est, s'agissant des cinq Rois, accablant.

Car élargissons, maintenant, le cadre.

Agrandissons l'image – et le concept – de l'Empire à sa totalité occidentale et, donc, aussi européenne.

C'est la même sorte d'ambivalence.

La même sorte d'attirance, ou de haine amourée, mêlée à la volonté de détrôner.

A cette nuance capitale près que nos Rois sont, contrairement aux Mèdes, aux Macédoniens ou à Alaric, moins fascinés par ce que l'histoire de cet Occident haï et envié recèle de beautés que par ce qu'elle a eu de moins glorieux et, souvent, de plus infâme.

Un exemple.

On se souvient de l'époque où toute une partie du monde arabe, qui avait raté le mouvement des Lumières, décide de ne pas rater celui des anti-Lumières.

Ce fut, à la fin des années 1920, en Egypte, la

naissance des Frères musulmans : « le nazisme est une révolution mondiale, dit en substance Hassan el-Banna, leur fondateur ; cette révolution n'a, par définition, pas vocation à s'arrêter aux frontières de l'Europe ; voici donc une autre de ses versions ; voici, défilant en uniforme et brassard nazi, dans les rues du Caire, sa section arabe ».

Ce fut, pendant la Seconde Guerre mondiale, l'édifiante histoire de Amin al-Husseini, Grand Mufti de Jérusalem : merci à l'Allemagne nazie, dit-il à son tour, depuis les locaux de l'« Arabische Büro », à Berlin, où il passe l'essentiel de la guerre ; merci, martèle-t-il, entre une excursion à Auschwitz et une visite émue au Führer, de reconnaître aux Arabes le droit de résoudre le problème juif ; merci de « rendre visibles les remarquables ressemblances », le sens commun du « combat » et la « fraternité des armes », entre « islam et nazisme » ; et merci à vous, Adolf Hitler, « d'être celui que vous êtes, merci d'agir comme vous agissez ».

Ce fut, dans la Syrie pressée de se libérer de la tutelle française et voyant dans le Führer une sorte de « sauveur » et de « mahdi », la formation, en 1941, sous l'influence du Grec orthodoxe Michel Aflak, d'un « Comité syrien d'aide à l'Irak libéré », c'est-à-dire, pour parler clair, d'un comité de soutien au gouvernement irakien antibritannique et

pronazi de Rachid Ali al-Gaylani – et ce fut, six
ans plus tard, à partir du même mélange de socialisme et de nazisme, la création du Parti de la
résurrection arabe, autrement dit le parti Baas,
qui régnera à Bagdad jusqu'à Saddam Hussein et,
à Damas, avec le clan Assad, jusqu'aujourd'hui.

Cette partie du monde eut, bien entendu,
comme partout, son contingent de résistants et
de héros.

Ce médecin égyptien, Mohamed Helmy, élevé
par Yad Vashem, en 2013, à la dignité de Juste
parmi les nations...

Ce communiste palestinien, Najati Sidqi, engagé,
dès 1936, en Espagne, dans le camp républicain,
puis rompant avec l'Internationale stalinienne à
cause de sa complaisance avec l'hitlérisme...

Nombre d'Arabes anonymes qui, à Monte Cas-
sino et ailleurs, se battirent sous les couleurs de
la France Libre...

Ou le cas, enfin, de Mohammed V, roi du Maroc
qui, lorsque le résident général Charles Noguès
lui annonce la livraison de 200 000 étoiles jaunes,
répond qu'il en souhaite, dans ce cas, quelques
dizaines de plus pour lui et sa famille ; qu'il se
refusera, quoi qu'il en soit, à distinguer entre ses
sujets ; et que les Juifs du royaume seront, dorénavant, sous sa protection personnelle.

Mais ce furent des exceptions.

La ligne de force, hélas, fut bien celle que je dis.

Et, pas plus qu'ailleurs, mais pas moins, le fond de l'air, dans le monde arabe, fut brun.

Histoire ancienne ?

Malheureusement, pas tout à fait.

Car survient la naissance d'Israël.

Et la lutte contre Israël devenant, dans cette région, la cause commune la mieux partagée, une mécanique s'enclenche qui va encore aggraver les choses.

Un argument, d'abord, apparaît : celui du génocide européen, commis par les Européens et qu'on est en train de faire payer à la Nation arabe – « pourquoi pas l'Etat d'Israël en Bavière ? ».

Le monde arabe devient, pour les besoins de l'argument, et contre toute évidence, une sorte de zone franche aux limites de laquelle le national-socialisme aurait miraculeusement stoppé – l'équivalent, en mode criminel, d'un nuage de Tchernobyl dont la grande nuée noire aurait contourné la zone.

Puisque le nazisme arabe est réputé n'avoir pas existé, il n'a pas à être historicisé, documenté, pensé ; aucun travail de mémoire, de deuil, pour ne pas dire de repentance, n'a à être entrepris ; en sorte que cette partie du monde, Irak et Syrie en tête, mais aussi Palestine, Arabie saoudite et Egypte, est la seule où l'on se soit dispensé de la grande opération de dénazification qui, tant bien que mal, du Japon à l'Allemagne, à la France et au reste de l'Europe, a fini par être menée.

A partir de quoi les effets de la dénégation, du refoulement puis du retour du refoulé vont s'appliquer telle cette loi d'airain que Freud et ses successeurs ont impeccablement décrite : ce nazisme non dénazifié, cette part arabe d'une révolution nazie dont il ne faut pas se lasser de rappeler qu'elle fut mondiale et, donc, aussi arabe, ce passé intact et semblable à ces ruines de Pompéi dont Freud observait qu'elles n'ont commencé de se détruire qu'après qu'on les a exhumées, tout cela demeure recouvert, donc entier, et ne va, très logiquement, pas cesser de se répéter.

De là tous les anciens nazis dont les époux Klarsfeld auront passé leur vie à dire, redire et crier que c'est dans cette partie du monde, plus encore qu'en Amérique latine, qu'ils ont connu une seconde vie.

De là Nasser qui avait été proche, avant guerre, du parti Jeune Egypte façonné sur le modèle du NSDAP hitlérien et qui, parvenu au pouvoir, ne manque pas de recruter d'anciens officiers SS, experts en police politique, en gestion pénitentiaire et, naturellement, en propagande « antisioniste ».

De là le Hamas et sa charte qui, dans son

article 32, cite explicitement *Les Protocoles des Sages de Sion* – et, avant même le Hamas, le grand nombre de camps d'entraînement palestiniens anti-Fatah où officiaient, dans les années 1960 et 1970, d'anciens commandants SS.

Et, de là, le djihadisme d'aujourd'hui dont la dimension religieuse, le lien affiché et vivant avec l'islam, ne doivent pas cacher cette autre dimension, bel et bien politique, qui s'ancre dans la mauvaise mémoire de l'Europe et révèle, chez ceux qui ne l'ont pas mise à distance, l'inquiétante familiarité du national-socialisme.

Il y a deux erreurs symétriques à ne pas commettre à propos de l'islamisme radical.

La première, bien sûr, est d'ignorer ce qui le rattache à l'islam ; de le voir comme un produit, soit de la « misère », soit de l'« humiliation » ; ou encore d'en faire on ne sait quel avatar, à peine plus monstrueux que d'autres, d'un désir de révolution épuisé, asséché et qui se ressourcerait dans les rangs du Califat (autant de formes, plus ou moins sophistiquées, de la maladie de l'excuse).

Mais la seconde est d'y voir une altérité radicale, sans contact d'aucune sorte avec l'histoire de l'Occident et témoignant d'une forme de négativité dont le monde apaisé, hygiénisé, de la fin de l'Histoire pensait s'être débarrassé et continuait, secrètement, de rêver (c'est la source des fascinations les plus

214

douteuses – celle d'un Jean Baudrillard, dans un article fameux paru, dans *Le Monde*, au lendemain du 11 septembre 2001 ou celle, à l'autre bord, de ceux qui voient dans ces « chers djihadistes » un modèle de vitalité, d'énergie et de courage).

La réalité c'est qu'il y a un contact ou, plus exactement, deux.

La fascination, on s'en souvient, pour le tout dire, le tout voir et le tout montrer qui est la nouvelle loi de l'Empire vaporisé.

Mais aussi, côté européen cette fois, l'insistante mémoire du nazisme dont ce djihadisme est, pour cause de dénégation et de non-deuil, le dernier surgeon vraiment vivace.

Autre exemple.

Il est peu connu et c'est l'extraordinaire épisode du changement de nom, en 1935, de l'empire perse.

Reza Chah, fondateur de la dynastie Pahlavi, se trouve être l'ami de l'Allemagne dont il soutiendra l'Anschluss, le coup des Sudètes et la croisade antibritannique.

Il pense, comme les futurs baasistes arabes, comme le Grand Mufti de Jérusalem, qu'un nouvel empire allemand est en train de naître qui ne sera ni saint, ni romain, ni seulement germanique, mais aryen.

Il sait, par ailleurs, que ce mythe aryen est, au même moment, en Allemagne, au centre d'une intense agitation intellectuelle qui enfièvre les universités, redynamise les écoles d'archéologie, divise les académies de linguistique comparée et de philologie.

Il sait que, dans ces discussions, est en train de s'imposer l'idée que le « berceau » de cette langue, de cette civilisation et de cette race « aryennes » se situerait quelque part entre l'Euphrate et l'Himalaya, c'est-à-dire, selon certains, ô miracle, au cœur de la Perse actuelle.

Et le voilà qui, voulant complaire à ces nouveaux cousins que les sciences reines de l'époque sont en train de lui découvrir, prend par décret royal, en date du 21 mars 1935, la décision inouïe de débaptiser son pays qu'on ne devra plus, dans les capitales étrangères, les relations internationales, les livres, la presse, appeler « la Perse », mais « l'Iran », c'est-à-dire, littéralement, en farsi, le « pays des Aryens ».

Bien sûr, les descendants des Achéménides se sont toujours aussi appelés, en farsi, « Iraniens », c'est-à-dire « Aryens ».

Bien sûr, le mot « Ariaoi » apparaît, dès Hérodote, pour désigner le cœur de cet empire qui s'étend entre le Danube et le Nil.

Et lui-même, Reza Chah, dix ans plus tôt, lors

de sa cérémonie de couronnement, avait tenu à ce qu'un crieur annonce, dans la plus pure tradition perse : « enfin un homme appartenant à la race aryenne est arrivé à la tête de notre Etat ».

Mais il faut se mettre dans la tête d'un diplomate en poste à Téhéran, puis d'un responsable d'une grande chancellerie, recevant, en ce jour de mars 1935, la nouvelle qu'il est devenu interdit de dire « Perse » et que seul « Iran » sera, désormais, recevable.

Il faut lire, en France, la presse d'extrême droite de l'époque et, par exemple, dans l'édition de *Je suis partout* du 6 juillet, le reportage enthousiaste, tonitruant, triomphant, signé du fasciste belge Pierre Daye, intitulé « La Perse qui devient l'Iran » et consacré, pour une grande part, à ce changement de nom.

Il faut savoir enfin que cette brillante idée était venue de la légation iranienne à Berlin qui se l'était vu, elle-même, suggérer par les autorités allemandes – et en douterait-on que Radio Zeesen, l'antenne en persan de la radio nazie, ce média de propagande qui ne cesse de prêcher, à Téhéran, l'alliance entre « les Aryens du nord » et « la nation de Zoroastre » et qui présente Hitler comme le douzième imam qu'attendent les chiites depuis huit siècles, ne manque pas une occasion de le rappeler.

Il ne fait de doute pour personne, ce jour-là, que la décision s'inscrit, pour les uns comme pour les autres, dans le cadre d'un rapprochement de grande ampleur ; qu'il s'agit d'être le plus nombreux possible à crier, à l'unisson, « Aryens de tous les pays unissez-vous » ; et que c'est l'occasion, pour les Persans-Iraniens, de se hisser à la hauteur du destin qui leur est offert par l'hitlérisme et qui leur permet de s'aligner sur ce qui semble être alors la combinaison gagnante de l'Histoire.

Mais ce n'est pas tout.

Car arrive 1945.

Les nazis et leur idéologie, que l'on pensait sur le point de régner mille ans, ont été jetés aux poubelles de l'Histoire.

Tout le monde s'attend à ce que les « Iraniens », comme tant d'autres, disent : « voilà, la parenthèse se referme, la Perse sera toujours la Perse – que pèsent, face à deux mille cinq cents ans de gloire et de splendeur sans tache, ces pauvres dix années où, sous la nocive influence d'une poignée de fils indignes, les descendants de Darius et de Xerxès se sont malencontreusement alignés sur l'étoile noire de l'Europe ? reprenons notre bien ; réhabitons notre beau nom perse ».

Or, étrangement, cela n'est pas dit.

Or, plus exactement, cela n'est pas fait.

Les Alliés, en 1941, quand ils entrent à Téhéran et forcent le shah à abdiquer, tentent bien quelque chose et disent au fils et successeur du souverain déchu que la plaisanterie a assez duré et qu'il est urgent de révoquer le décret scélérat : le shah n'en fait rien et tout ce qu'ils obtiennent est un « ni oui ni non » permettant que l'on dise, indifféremment, « Perse » et « Iran ».

Le Premier ministre du nouveau shah, Mohammad Ali Foroughi, qui se trouve être aussi un grand lettré, auteur de fins commentaires de Hafez, Rûmî ou Saadi et, par ailleurs, de traductions en persan de Descartes, a renchéri en s'indignant que l'on ait, « d'un trait de plume », transformé un pays légendaire en une sorte de nouveau pays, au nom inconnu, que le reste du monde confondra avec l'Irak : il n'est pas davantage écouté et meurt, l'année suivante, désolé de ce qui lui apparaît comme le suicide d'une grande nation.

Le problème devenant brûlant et des voix s'élevant, de plus en plus nombreuses, dans le monde et en Iran même, pour dire qu'il est plus que temps, en effet, de revenir à la situation qui prévalait avant ce funeste coup d'Etat sémantique, on va, en 1959, jusqu'à réunir une commission de lettrés, écrivains, consciences morales, constitutionnalistes, politiques. Elle recommande, elle

aussi, cette commission, de refermer la parenthèse et de revenir, une fois pour toutes, à ce
noble nom de Perse qui, dans l'esprit du monde,
est associé à la poésie, aux miniatures, aux por-
celaines, aux grands textes, voire aux chats ou
aux tapis persans – tout un humble et prestigieux
héritage dont on a pris le risque de se couper en
ne se présentant plus, urbi et orbi, que comme le
« pays des Aryens ». Le pouvoir résiste toujours.
Le pouvoir s'obstine encore. Et l'on ne parvient,
là non plus, qu'à imposer un usage « optionnel »
des deux noms.

Et quand, en 1979 enfin, les islamistes chiites
renversent le régime, il reste des Iraniens pour
se souvenir de la folle mutilation infligée,
quarante-quatre ans plus tôt, à leur pays ; il
reste des voix qui, lorsqu'on leur dit que l'Iran
doit s'appeler « l'Iran » car c'était aussi l'ancien
nom persan de la Perse, répondent que c'est
comme si la Grèce s'avisait, tout à coup, de
se faire appeler « Hellas », l'Egypte d'imposer
son nom arabe de « Misr » ou la Chine celui,
mandarin, de « Zhongguo » ; il reste des érudits
pour objecter qu'à ce compte-là il faudrait également appeler « Iraniens » toute une foule de
territoires qui couvrirent historiquement le Kurdistan, le Baloutchistan, l'Ossétie, le Tadjikistan,
l'Afghanistan, la Sogdiane, et on en passe ; mais

ce sont là des considérations qui, parce qu'elles ne peuvent que réanimer les cendres d'un passé pré-islamique, n'intéressent guère les ayatollahs en marche vers le pouvoir ; ils semblent parfaitement à l'aise, eux aussi, avec leur « nom de pays » hérité du national-socialisme ; et c'est ainsi que la boucle se boucle et que l'Iran s'appelle, jusqu'aujourd'hui, « République islamique d'Iran ».

La dénazification nominaliste n'a pas eu lieu.

La dénomination « pays des Aryens », avec tout ce qu'elle charrie forcément, dans l'oublieuse mémoire collective, du coup de force de 1935, a effacé l'usage du nom de Perse.

En sorte que, si l'on croit, tant soit peu, à l'inconscient des langues et à la puissance de leurs noms, il faut bien conclure qu'un spectre hante l'Iran et que c'est celui, encore, de ce que le XXᵉ siècle européen a produit de plus désastreux.

Raison pour laquelle quand, pendant le tournage de *La Bataille de Mossoul*, quittant les Peshmergas pour accompagner une unité de la Division d'or irakienne encadrée par des instructeurs iraniens, j'ai croisé, non pas une fois, ni deux, mais un nombre incalculable de fois, des miliciens chiites arborant au dos de leurs blousons, ou en tatouage, ou sur le pare-brise de leurs véhicules blindés, une croix gammée, je n'ai pas été plus surpris que cela et n'ai pas hésité à intégrer ces plans à mon film.

D'ailleurs, est-il si certain que cette affaire ait paru dénuée d'intérêt aux ayatollahs ?

Et ne savaient-ils pas très bien ce qu'ils faisaient en persistant, comme l'ancien régime, à préférer une appellation inspirée par les nazis lors du putsch nominaliste, encore très proche, de 1935 à celle que leur léguait leur tradition nationale ?

J'en veux pour preuve un troisième fait, peu connu lui aussi, mais sur lequel a attiré mon attention Ala Hoshyar Tayyeb qui, avant d'être l'un des cameramen de mon film, a été un intellectuel kurde iranien doté d'une solide culture philosophique.

Sais-tu, m'a-t-il demandé, un jour, tandis qu'il me racontait son histoire d'adolescent iranien, imprégné de culture marxiste, et s'exilant, ici, au Kurdistan irakien, en 1999, quel est le philosophe occidental qui a exercé sur la révolution islamique, dans ses débuts, la plus forte influence ?

Et comme je me perdais en conjectures : « Heidegger ! si tu regardes bien, les idéologues majeurs des années prérévolutionnaires, les théoriciens dont chacun savait, en Iran, qu'ils pesaient sur l'entourage proche de Khomeyni, s'appelaient Ahmad Fardid, Ali Shariati ou Sayyed Jalal Al-e-Ahmad – et tous les trois vivaient dans la fascination absolue de la pensée heideggérienne ».

Et comme je lui demandais pourquoi : « parce que Heidegger est le philosophe occidental le plus critique de l'Occident ; parce qu'il est le penseur qui, en Occident, dit que l'Occident s'est perdu en se perdant dans la technique ; et parce qu'il propose une solution de rupture avec les valeurs libérales qui n'avait peut-être pas marché en Allemagne mais dont il n'était pas interdit de penser qu'elle se rattraperait à Téhéran – oublier la modernité, tourner le dos au matérialisme, se *déwestoxiquer*, se réenraciner, bref, renouer avec une origine perdue qui, comme par hasard, portait le même nom puisque c'était l'origine aryenne supposément commune à l'Iran et à l'Allemagne, voilà ce que ces grands intellectuels, inspirateurs de la révolution islamique, trouvaient chez Heidegger… ».

On observera de nouveau, comme pour le djihadisme arabe, que les révolutions religieuses sont toujours plus politiques qu'elles ne le disent.

On rappellera le rôle d'Henry Corbin dont chacun sait le grand savant de la chose chiite qu'il a été mais dont on sait moins qu'il fut aussi un disciple précoce de Heidegger faisant, dès 1934, le voyage de Fribourg et devenant son premier traducteur en français.

On évoquera un tout autre voyage que fit le même Corbin, onze ans plus tard, à Téhéran, où il arriva nimbé de sa double auréole d'heideg-gérien historique et de spécialiste du chiisme et où il rencontra quelques-uns de ceux qui com-mençaient de lancer, à l'université de Téhéran, ces séminaires de « Heideggerian studies » dans le vivier desquels la révolution islamique allait, trente ans plus tard, recruter quelques-uns de ses idéologues.

Le résultat est là.

L'Iran, dans ces années, est à l'orée de son grand retour sur la scène de l'Histoire.

Ses intellectuels ont à leur disposition, pour engager le dialogue – ou, pourquoi pas, croiser le fer – avec l'Occident, Diderot et l'*Encyclopé-die* qui consacra un grand nombre d'articles à la philosophie et à la morale de la Perse ancienne et moderne ; Leibniz et sa curiosité ; Marx et sa radicalité ; Hegel ; Foucault et son enthousiasme ; Nietzsche et son Zarathoustra.

Comme les émancipateurs de l'Afrique au début des années 1960, comme certains des premiers tiers-mondistes ou comme ce leader maoïste bangladais que j'avais fini par retrouver, en janvier 1972, au cœur du delta du Gange et qui était encore capable de réciter par cœur, gre-lottant de fièvre, agonisant, des passages entiers des *Fragments sur les institutions républicaines* de Saint-Just, ils pourraient rêver, ou faire semblant de rêver, d'une révolution démocratique empruntant à l'Occident ce qu'il a eu de meilleur.

Mais non.

C'est l'auteur d'*Acheminement vers la parole* qu'ils choisissent.

C'est celui qui, dès 1935, un an après la visite de Corbin, faisait l'éloge de la « vérité interne » et la « grandeur » du « mouvement » national-socialiste.

Et c'est toujours la même attirance, non pour le versant lumineux, mais pour la face honteuse de l'héritage de l'Occident.

Les poutiniens ne raisonnent pas différemment. Il se trouve que j'ai rencontré Alexandre Douguine, en novembre 2017, lors de la conférence annuelle du Nexus Instituut qui est, à Amsterdam, l'une de ces sociétés de pensée (académie, revue, maison d'édition, symposiums…) qui ont fleuri, sur tout le vieux continent, au lendemain de la chute du mur de Berlin et où le meilleur de l'humanisme européen (George Steiner, Enzo Traverso, Claudio Magris, Jacqueline de Romilly, Jürgen Habermas) se frotte et se confronte à ce qui le conteste. Il avait un air de pope zen et fataliste, sorti de la steppe de Koulounda. Il affectait, quand l'intervenant lui semblait issu, comme moi, ou comme l'Américain Leon Wieseltier, du monde cosmopolite et décadent qu'il abhorrait, de lever les yeux au ciel tout en secouant la tête de droite et de gauche – ce qui avait pour effet de lui faire trembloter comiquement la barbe qu'il avait blonde, longue et rare. Quand, soit en séance, soit dans les conversations parallèles, son tour venait de prendre la parole, il faisait l'éloge de Trump dont l'élection fut « l'un des plus beaux jours » de sa vie. Il laissait entendre qu'il ne fut pas pour rien, en 2015, dans l'organisation du voyage en Crimée d'une délégation « ottomane » de haut rang et que ce voyage s'inscrivait dans son grand projet d'axe russo-islamique passant par la Turquie, l'Iran et certains pays arabes sunnites. Mais ce qui me frappa le plus c'est que, lorsqu'il tentait de fonder en raison sa « géographie sacrée », ses références étaient moins celles de la tradition grand-russe ou slavophile que celles, une fois de plus, de la tendance anti-Lumières de la pensée européenne. Il citait Herder théorisant, lors de son voyage retour de Lettonie vers la France, le rôle central de la zone eurasiatique. Les romantiques allemands qui, de Jean Paul à Kleist, ont fait l'éloge de la pureté et de la virginité russes. Carl Schmitt conceptualisant la guerre éternelle des tellurocraties et des thalassocraties liquides et molles dont l'Amérique était l'emblème. Et, bien entendu, Heidegger, auquel il avait consacré, en 2010, un livre dont le titre, en français, pourrait être « La Philosophie d'un nouveau commencement ». J'ai lu, depuis, la traduction anglaise de ce livre. Et il est difficile de ne pas y entendre une tonalité très « Discours du Rectorat » en version slave où un Heidegger grimé en lui, Douguine, ferait ses offres de service à un Führer nommé Poutine.

La Turquie néo-ottomane, elle non plus, n'est pas loin de ces problématiques. Moins de « philosophie », sans doute. Apparemment pas, à ma connaissance, d'équivalent de Douguine. Mais un bric-à-brac de « grands récits » brodant, chacun à sa façon, sur la généalogie, les dynasties et, aujourd'hui, la résurrection de l'empire ottoman. Il y a le mythe mongol, faisant remonter la fierté nationale à l'invasion, en 1402, des hordes de Tamerlan venues de Haute-Asie. Il y a le mythe hittite qui prit forme, au début du XXe siècle, quand l'école allemande d'archéologie découvrit les vestiges d'un très ancien royaume, venu des plaines danubiennes et établissant, ou prétendant établir, une origine indo-européenne (encore !) aux peuples de la Turquie moderne. Il y a le pantouranisme qui célèbre, dans les anciens guerriers du Touran, le fer de lance des armées ottomanes au temps de leur splendeur invaincue ; qui prend son véritable envol, dans les années 20 et 30 du XXe siècle, comme une réplique turque au pangermanisme, au panslavisme et à l'aryanisme iranien ; et qui culmine au moment de la Seconde Guerre mondiale où, la victoire allemande paraissant acquise, l'on rêve de faire main basse, en cas de démembrement de l'empire soviétique, sur ses républiques turcophones d'Asie centrale. Le kémalisme était plutôt hittite. Erdogan est résolument Touran. Et, quand il lance la bataille d'Afrin, les observateurs les plus aguerris ne manquent pas de noter, au sein des huit brigades mobilisées pour l'assaut, la forte présence des Loups gris, ces combattants ultra-Touran qui s'étaient jadis illustrés en envoyant l'un des leurs, Ali Agça, tenter d'assassiner Jean-Paul II et qui n'ont fait, depuis, en s'intégrant à l'ultranationaliste MHP, que croître et prospérer... Si l'expression islamofascisme forgée, il y a un quart de siècle, dans *La Pureté dangereuse,* a un sens, n'est-ce pas le touranien Erdogan qui la porte aujourd'hui le mieux ?

Et quant à la Chine, c'est encore autre chose. Elle a compris depuis longtemps le sens de l'exhortation marxienne à transformer le monde au lieu de seulement l'interpréter. Et la seule philosophie qui l'intéresse c'est celle, devenue pratique, qui peut se convertir en technique. En sorte que, de la pensée occidentale, elle a, pour le moment, surtout retenu ce concentré de philosophie mise en œuvre qu'est la vision du monde induite par les GAFA et dont elle a, après en avoir bloqué, une à une, les applications, transformé, réinventé, sinisé les procédures. Interconnexion généralisée... Stockage massif de voix et d'ADN humains... Mutations génétiques en cours... Intelligence artificielle poussée à son maximum... Invention de logiciels espions déjà pensés par la technique américaine mais dont personne, en Amérique, n'avait osé franchir le pas... Un système de crédit social qui contraint chaque sujet à voir ses activités, non seulement collectives, mais familiales et même intimes évaluées en continu et permettant à chacun de participer (*sic*) à « l'élévation de l'honnêteté dans la société tout entière »... Bentham était anglosaxon. Mais il est en train de devenir chinois. Un nouveau benthamisme est en train de naître dont les figures ne s'appellent plus Google mais Baidu ; Wikipedia mais Hudong ; Facebook mais WeChat ou Tencent ; Amazon mais Alibaba ; Instagram mais des applications infiniment plus efficaces en termes de contrôle social et de police des attitudes et des pensées. Je me souviens du débat avec Kojève engagé quatre ans après sa mort par son ami Jacques Lacan, dans la préface à l'édition japonaise de ses *Ecrits*. D'un côté Kojève voyant dans les « usages » et les « beautés » japonaises une relance asiatique de l'Histoire. De l'autre, lui,

Lacan, assénant que les Japonais, donc les Asiatiques, « traduisent, traduisent, traduisent » tout ce qui paraît « lisible » – mais qu'ils n'inventent rien. La Chine a changé la donne. Elle traduit, c'est vrai. Mais en réinventant. En métamorphosant. En produisant une version encore plus cauchemardesque de la biopolitique occidentale. Et, là, c'est Kojève qui avait raison.

Ce n'est qu'un test.

Mais son résultat est terrible.

On peut, je le répète, s'émerveiller de la civilisation chinoise.

On peut, comme tous les lecteurs de Malraux, avoir vibré aux aventures de Vincent Berger, le père du narrateur des *Noyers de l'Altenburg* qui, comme Lawrence auprès de Fayçal, ou Byron auprès des Grecs, se met, huit ans durant, au service d'Enver Pacha et rêve, à ses côtés, de la reconstitution de l'empire du Touran.

On peut admirer la civilisation perse ou arabe et la grande littérature russe.

Mais on ne peut pas nier que, dans le rapport conflictuel et mimétique qu'ils entretiennent avec lui, c'est, chaque fois, le pire de l'Empire que les héritiers contemporains de ces civilisations sont en train de lui emprunter et de lui renvoyer comme un diabolique miroir.

Non que l'Occident ait besoin de cela, naturellement, pour voir sa part sombre se rappeler à son souvenir.

La démocrature hongroise le fait très bien.

Et le peuple de Varsovie renouant, dans ses « jours de colère », avec les slogans de l'antisémitisme et du nationalisme.

Et cette Autriche où un président de la République écolo, dans l'indifférence de l'Europe et des grandes consciences du pays (pas un mot de la prix Nobel de la paix, Elfriede Jelinek), accueille sous les dorures de la Hofburg un vice-chancelier ex-nazi et six ministres d'extrême droite (dont la Défense, les Affaires étrangères et l'Intérieur) : comme ils paraissent loin, soudain, presque déjà sur l'autre rive, les rires, les cris de joie et d'espérance des 250 000 manifestants auxquels nous étions venus, il y a dix-huit ans, place des Héros, avec Luc Bondy et, justement, Elfriede Jelinek, dire notre solidarité face à une catastrophe de même sorte !

Et je serai le dernier à sous-estimer, enfin, l'ardeur avec laquelle mon propre pays a semblé, un moment, céder à ce duo maléfique, absolument jumeau, dont le double visage était celui de la France « insoumise » et de la vague « mariniste » – et ce n'est pas fini ! et la bataille fait encore rage ! et les populistes des deux bords sont plus que jamais en embuscade, amers, haineux, prêts à bondir au moindre signe de fléchissement, comptant les jours, et déployant une grande énergie pour se donner un visage respectable !

Mais justement, c'est la même chose.

Il y a là un consortium de puissances où l'on ne cherche guère à se composer une figure et où l'on puise dans le même réservoir d'infamie.

Il y a là une Internationale de fait, nauséabonde, agressive, dont les forces constitutives ont, malgré tout ce qui les oppose, ce trait commun d'être attirées par ce que l'Occident a généré de plus sinistre.

Elles étaient en guerre contre leurs propres peuples qui, lorsqu'ils se prennent à rêver d'un monde où l'on aurait le droit de rire des religions, peut-être d'en changer, ou de manifester quand on est mal payé, ou de vivre, quand on est une femme, à égalité avec les hommes, ou de n'être ni torturé ni tué, se voient broyés par les dents de fer, non plus d'Edom, mais des cinq Rois.

Mais elles sont en guerre, aussi, contre l'autre part de l'Occident, la meilleure, celle qui invente les Lumières en même temps que les anti-Lumières et qui, au moment même où naquirent, en Europe, le fascisme, le totalitarisme et le colonialisme, inventa leurs antidotes et les offrit, eux aussi, au monde.

C'est une autre raison de s'opposer à elles.

C'est la dernière raison qu'il y a de souhaiter, de toute son âme, que soit contenue cette ténèbre qu'elles répandent sur le monde.

Un ami de la liberté, aujourd'hui ? Un qui se rappelle la grande tradition de ce que l'on nomma, jadis, l'antifascisme ? Il inverse le schéma abrahamique de la guerre de l'empire et des cinq rois. Il protège ce fort que fut l'Occident contre ces faibles que sont encore – mais pour combien de temps ? – la Chine, l'Iran, l'empire néo-ottoman, les nostalgiques du Califat, la Russie. Comme dans le Traité des Pères, il prie pour l'Empire.

CHAPITRE 5

Le bal des spectres

Alors l'autre question, la dernière, c'est celle, bien entendu, du rapport des forces en présence et de l'issue de la bataille.

Je ne me hasarderai pas, ici, à un pronostic.

Mais j'ai tout de même la conviction qu'aussi agressifs que se veuillent les cinq Rois, aussi portés qu'ils semblent par les vents mauvais qui soufflent sur la planète, aussi aidés qu'ils puissent être par la pusillanimité de leurs adversaires, ils ont des handicaps majeurs.

Le premier ne vaut pas pour la Chine mais vaut, à coup sûr, pour les quatre autres : c'est leur faiblesse économique et politique.

Erdogan, depuis le coup d'Etat manqué de juillet 2016, est un président paranoïaque, sur la défensive, affaibli.

Les mollahs iraniens peuvent nourrir tous les

rêves d'expansion régionale qu'ils voudront – la jeunesse, les classes moyennes, la population en général, sont brisées par les sanctions occidentales, désespérées par la pauvreté et échangeraient toutes les aventures syriennes ou irakiennes du monde contre un train de réformes anticorruption.

Les Saoudiens, comme les Qataris, sont riches – mais sont-ils prêts pour le temps de l'après-pétrole ?

Et quant à la Russie, on ne le répétera jamais assez : elle a une industrie en ruines, une démographie en chute libre, une espérance de vie, pour les hommes, inférieure à celle de l'Irak et du Guatemala, un PIB par habitant quatre fois plus faible que celui du Danemark et à peine supérieur à celui du Gabon ou de la Libye – mal parti pour l'empire...

Leur deuxième handicap est que l'on peut douter que ces types de régime soient favorables à la forme d'influence mondiale que l'on appelle empire.

Il y avait, dans l'Antiquité, toute une discussion sur les raisons qui firent que les petites cités grecques en lutte les unes contre les autres puis, un siècle et demi plus tard, un jeune roi macédonien triomphèrent du colossal empire perse avec ses troupes plus nombreuses, plus richement équipées, soumises à une discipline de fer et animées par une soif de conquête qui semblait invincible. Les explications furent diverses.

Et ne serait-ce que parce que chacun avait, entre Sparte, Athènes, la Macédoine ou Corinthe, son champion dont la mise au pinacle orientait chaque fois le récit, ces explications divergeaient.

Mais, pour rendre compte de ce miracle, pour faire comprendre que l'on ait pu, à partir d'une humble cité du Péloponnèse ou, dans le cas de Philippe et Alexandre, d'un faubourg semi-barbare du monde grec, contenir puis défaire le plus puissant des empires, un mot revient chez tous : les institutions.

Tantôt, c'est leur solidité qui, comme à Sparte vue par Polybe, est réputée faire la différence.

Tantôt, comme à Athènes, c'est ce qu'Isocrate, dans son *Panégyrique*, appelle leur « vertu ».

Tantôt, comme à Athènes encore, c'est avec les mœurs qu'elles inspirent que tout s'est finalement joué (quand Xénophon met en scène Périclès le Jeune réinventant l'oraison funèbre de son père, c'est pour lui faire dire que, plus important que les lois elles-mêmes, est le caractère de ceux qui les portent).

Et il y a enfin la thèse d'Eschine, le grand rival de Démosthène, pour qui toute la supériorité de la Macédoine tint au charisme, au panache ou à l'évergétisme de ses princes.

Imagine-t-on, pour justifier les appétits de puissance d'Erdogan, un « Panégyrique d'Ankara » ?

Une « Adresse à Khamenei » dans le style du *Discours à Philippe* où, quarante ans plus tard, Isocrate, chantre du panhellénisme, verra dans la probité, la grandeur, le courage physique et moral du chef macédonien des raisons suffisantes pour lui passer le flambeau ?

Y a-t-il un Solon russe ?

Un Lycurgue saoudien ou qatari ?

Et imagine-t-on, à l'inverse, un nouveau « maître du monde » chinois ayant une assez haute idée de lui-même et de son régime pour se recueillir sur la tombe de Mao en murmurant, tel Alexandre sur le tombeau d'Achille dans le tableau qu'en firent Plutarque et Hubert Robert : « heureux sois-tu, Grand Timonier, d'avoir eu André Malraux, puis Edgar Snow, pour trompette de tes louanges » ?

La troisième raison d'espérer c'est qu'il y a peu d'exemples, dans l'Histoire, d'un empire disparu qui soit revenu à la vie.

L'empire perse, si l'on veut, qui avait semblé renaître, face aux Arabes, plusieurs siècles après sa déroute face aux armées d'Alexandre – mais c'était le spasme d'un mourant et il fallut se rendre à l'évidence : il s'y était juste pris à deux fois pour rendre l'âme.

L'empire ottoman, si l'on veut aussi, dont Erdogan aime dire qu'il est seize fois tombé et s'est seize fois relevé – mais ce furent, chaque fois aussi, les convulsions d'un agonisant : la Turquie fut bel et bien, trois siècles durant, l'homme malade de l'Europe !

Et, quant à l'empire chinois, sans doute vécut-il, officiellement, quatre mille ans – mais cet empire immobile et, surtout, réticent, cet empire mystérieusement retenu que l'amiral Zheng He, grand eunuque impérial, avait, un siècle avant les grandes découvertes, doté de la flotte la plus imposante jamais vue de mémoire d'homme mais qui intima l'ordre à ses bateaux de rebrousser chemin quand ils furent parvenus à la pointe du Mozambique, cet empire qui avait si peur de son propre désir qu'on y déclara, en 1500, passible de la peine de mort quiconque aurait l'audace de construire un navire de plus de deux mâts, était-il bien un empire au sens où il veut le devenir aujourd'hui ?

Non.

Il n'y a, en fait, qu'une vraie exception.

Il y a un exemple, un seul, d'un empire qui, pas une fois, mais maintes fois, a ressurgi de ses propres limbes pour prendre un nouveau visage.

Mais cet empire phénix, cet empire sans cesse anéanti et dont l'anéantissement a été, systématiquement, suivi d'une renaissance, cet empire mis à sac, réduit en poussière mais pour, chaque fois, renaître de ses cendres, cet empire dont le tombeau est toujours un berceau, le berceau un tombeau et dont le jour de la fin a toujours été, étrangement, celui d'un nouveau recommencement, cet empire de la métamorphose qui, même quand sa tête, comme celle de l'Edom abrahamique, vient rouler dans la tombe des patriarches, y voit un signe, non de deuil, mais d'œuvre à accomplir, cet empire funèbre et glorieux, solaire et antisolaire, cet empire où ce qu'il y a de bien, avec la mort, c'est qu'elle n'est jamais un moment de dissolution mais, au contraire, de fusion et de refondation, c'est Edom, justement ; c'est ce fameux empire romain dont Gibbon, Toynbee, Montesquieu, ont passé tant de temps à expliquer la chute mais sans voir que c'est une chute interminable elle-même entrecoupée de renaissances innombrables ; et bien hasardeuse serait la démarche qui tirerait argument de cet art de la résurrection qui est la spécificité, presque la définition, le *principe*, de cet Occident romain et postromain pour en faire une loi générale.

Soit le processus d'incarnation et réincarnation

qui fait que, quand Rome sombre, les nations apparaissent mais qu'aussitôt après l'empire se reforme avec Charlemagne ; puis avec les Ottoniens ; puis avec le Saint Empire romain germanique dont la fiction dure jusqu'au XIXe siècle ; puis avec Napoléon et son empire citoyen, inventeur du Code civil, mais toujours ultra-romain ; puis avec l'empire habsbourgeois qui donne à l'aventure son épilogue crépusculaire.

Soit le fil d'or qui se noue dans la Troie virgilienne ; qui se renoue dans la Rome de Tacite et de Cicéron ; qui se glisse entre les lignes toujours plus libres du pinceau florentin, puis romain, puis vénitien ; qui sinue entre les notes de la musique d'une Allemagne dont le chagrin est alors de n'avoir pas (encore) de langue noble ; qui passe dans le bain baptismal de la clarté rationnelle française, puis dans le clair-obscur de l'esprit dandy façon Brummell, Wilde ou Disraeli ; qui semble se consumer, et finir, dans l'apocalypse joyeuse des Viennois d'avant 1914, mais non, il s'est déjà marcotté sur les rives de la Nouvelle Angleterre et c'est ce qui se dit dans l'éclat de 1945.

Je dis là l'erre de l'Europe et, à partir de l'Europe, de l'Amérique.

Je nomme, pour le meilleur et le pire, la mécanique terrestre et céleste de cet empire très particulier qu'est l'empire d'Occident.

Mais cela a une conséquence.

Cet art de la métamorphose étant, non une performance, mais le propre de cet empire, sa définition, son ressort, il n'y a rien, là, dont un autre puisse s'inspirer, aucun précepte à en tirer, aucune extrapolation à tenter – l'exception reste exception et ne saurait, en aucune manière, faire leçon.

Quatrième raison.

Il ne suffit pas, pour faire empire, d'être fort ni, encore moins, d'être le plus fort.

Et la puissance des armées ne vaut rien si ne suivent pas, dans leurs fourgons, des hommes capables de formuler, à l'usage des peuples conquis comme à celui des conquérants, des propositions, non seulement politiques et institutionnelles, mais métaphysiques et même esthétiques.

Auguste, raconte Virgile, était plus fier de son titre d'ami des arts que d'arbitre des guerriers.

Hadrien aurait donné toutes les conquêtes de Trajan contre la joie d'être comparé, pour ses vers, à l'obscur Antimaque et, pour le temple de Vénus et de Rome dont il avait dessiné les plans, à l'illustre Apollodore.

Les vizirs de Bosnie, héritiers de Soliman le Magnifique, auraient-ils si durablement régné sur leurs administrés de Sarajevo s'ils n'y avaient bâti,

du temps de la splendeur ottomane, les caravan-
sérails, les mosquées cathédrales, le couvent pour
derviches haletis, le marché aux six coupoles, que
même les artilleurs serbes, cinq siècles plus tard,
ne réussiront pas à détruire ?

Et les souverains achéménides ? auraient-ils
mérité le titre de « roi des rois » si Darius n'avait
conçu le projet fou de Persépolis que comme une
sorte de temple où lui et ses successeurs seraient
couronnés et enterrés, consulteraient les augures,
fêteraient le retour du printemps et recevraient,
jusqu'à Alexandre, les chefs des armées vaincues ?
Non. Car, dans cette profusion de bas-reliefs, de
temples zoroastriens de bois sculpté ou de pla-
fonds à caissons qui semblaient une apparition
à ceux qui les voyaient pour la première fois,
les vaincus comme les vainqueurs avaient le sentiment d'assister au déploiement d'une fiction
qu'ils ne connaissaient pas encore mais dont ils
sentaient bien qu'elle racontait, en même temps
que la geste de l'empire, l'histoire de l'humain
et du monde.

Et Tamerlan ? aurait-il fasciné tant d'écrivains, de
voyageurs ou de grands aventuriers s'ils n'avaient
gardé de lui que l'image de la cage de fer où il
emprisonna Bajazet ou celle des monticules de
têtes coupées qu'il faisait exposer au centre des
villes qu'il prenait ? Il fut, aussi, le bâtisseur de

Samarcande ! Et il reste à Boukhara, sur la route de ses conquêtes, un monastère soufi où l'on se souvient qu'il fut un prince pieux capable de faire copier un Coran en caractères si petits qu'il tenait sur le sceau de l'empire et un autre en lettres si grandes qu'il fallait une brouette pour en transporter les feuilles d'or !

Et si, enfin, Enver Pacha a échoué, c'est parce que le Touran n'était déjà plus qu'un (mauvais) rêve, ruisselant du sang des Arméniens – et qu'il était incapable, au grand dam de Vincent Berger, d'opposer à son rival, Atatürk, un projet de civilisation non criminel.

Or j'observe, en regard, ces cinq Rois.

J'essaie de me mettre, une seconde, dans leur tête et dans celle de leurs vizirs.

Où est leur projet de civilisation ?

Où sont, dans l'Iran, la Turquie, la Chine, la Russie ou l'Arabie d'aujourd'hui, les grands projets ? les grands œuvres régaliens ? les grands livres ? les équivalents, version XXIe siècle, des architectures réelles et imaginaires qui ont fait la gloire des anciens empires ?

Où sont les colonnades, les esplanades sacrées ou laïques, les propositions esthétiques et morales, les fables capables, je ne dis même pas de concurrencer, mais de faire écho, ici, à ce qui s'est dit sur les fresques de Persépolis ? là, à l'élan pétrifié des cavaliers sassanides sculptés à flanc de montagne ? là encore, au cheval ailé du Ier siècle chinois, galopant sur une hirondelle en plein vol et offert à la mort comme à une caresse ? et là, aux merveilles de l'éloquence attique ?

Où sont, non seulement dans les capitales de l'Oumma, mais à Moscou, Pékin, Ankara ou Téhéran l'équivalent des savoirs qui faisaient que Frédéric II de Hohenstaufen, voulant arracher aux étoiles le secret de son destin, ne concevait pas de poster d'autres astrologues qu'arabes dans les huit tours octogonales de Castel del Monte, son extravagant château fort des Pouilles ?

Une civilisation et, donc, un empire n'existent que si l'on y trouve la force de produire des poètes, des saints, des illuminés, des métavivants, des savants.

Et je me souviens comment Jean-François Revel, qui fut l'un des seuls à prédire la chute de l'empire soviétique, tirait sa certitude du seul et unique fait que ni Joseph Staline ni aucun de ses successeurs ne pouvaient s'enorgueillir d'avoir favorisé la naissance d'œuvres d'art, la fabrication d'un médicament ou l'invention d'un théorème mathématique.

Certains en diront peut-être autant de la civilisation occidentale qui n'est pas, loin s'en faut, à la hauteur de son passé sublime.

L'Histoire, de surcroît, ayant plus d'imagination que les hommes, on peut très bien imaginer une Renaissance russe, ottomane, perse, arabe ou, surtout, chinoise.

Et on voit assez bien la nouvelle Chine lancer à l'assaut du monde, non pas sa flotte (tout indique qu'elle reste, sur ce point, obscurément fidèle à la tradition de l'amiral Zheng He), non pas sa langue (encore que Claudel et Michaux trouvaient le principe des idéogrammes assez proche de l'art moderne pour pouvoir s'universaliser), mais l'inventivité de ses savants et ingénieurs qui commencent de rivaliser avec leurs homologues américains et d'inonder le monde de leurs brevets (une universalité fondée sur la propriété intellectuelle, le progrès technologique, voire le quasi-monopole de ces matériaux miracles que l'on appelle les « terres rares » ne périmerait-elle pas les paradigmes traditionnels de la puissance ?).

Mais, pour l'heure, on en est là.

Poutine, Xi Jinping, les princes de Riyad, les ayatollahs théocrates de Qom et de Chiraz, l'inepte Erdogan en sont, très exactement, au point où Revel disait qu'étaient, dans les années 1980, les hiérarques du Kremlin.

Et force est de constater qu'ils sont plus proches d'Enver Pacha que de Soliman ou Tamerlan :

et encore est-ce leur faire trop d'honneur car Pacha était animé, disait Malraux, par « l'appel de l'Histoire » et par « le désir fanatique de laisser sur la terre une cicatrice » alors qu'eux sont des petits joueurs, des nains et, encore, des Augustule.

Car, en réalité, c'est pire encore.

C'est plus compliqué et c'est pire – et c'est une autre raison, la dernière, mais, à mes yeux, la principale, qui rend difficile, pour ces cinq autocrates, de donner corps à leurs rêves de grandeur.

Car on ne peut pas non plus dire, si vite, qu'ils soient analphabètes ou ineptes.

Et ce que l'on découvre, quand on prend la peine de les écouter, c'est, en même temps, et paradoxalement, une très grande attention portée à ce qu'ils croient être les riches heures de leurs nations.

Ici, on revient sur la méfiance de principe à l'endroit du passé pré-islamique de l'Iran et on mobilise des bataillons d'érudits pour démontrer, par exemple, que l'homme aux deux cornes mentionné dans telle sourate du Coran n'est autre que Cyrus le Grand.

Là, on consacre des milliards de dollars à reconstituer, au cœur d'un parc à thème nommé Chinawood où l'on a déjà dressé une reproduction à l'identique de la Cité interdite, ce mythique palais d'Eté qui témoigna de la dernière gloire de l'empire des Qing.

Là, c'est le prince saoudien finalement supplanté par l'actuel prétendant au trône qui, comme d'autres l'ont fait, à Djeddah, pour les appartements du Prophète ou, à Médine, pour la maquette de ses batailles, recrée en plein désert, à l'identique, jusqu'à la moindre des faïences, des briques ou des lézardes du palais de l'Alhambra où le dernier roi arabe de Grenade, Boabdil, aurait passé sa dernière nuit.

Là encore, c'est le sultan Erdogan qui s'offre, à Ankara, un palais colossal, quatre fois Versailles, où il reçoit ses hôtes de marque entouré d'une garde d'honneur composée de seize hommes d'armes dont l'attirail de turbans bariolés, de cimeterres bidons, de cottes de mailles bien astiquées, de chamarrures, est supposé donner l'image de ce que le roman national nouveau présente comme les seize naissances de l'empire ottoman.

Et l'on n'a pas oublié la mise en scène poutinienne, en mai 2016, au lendemain de la première libération de Palmyre et à la veille de sa reprise par les troupes de l'Etat islamique : orchestre symphonique de Saint-Pétersbourg, théâtre antique, colonnade, bains de Dioclétien, temples de Bêl et Baalshamin, tours funéraires, son et lumière, ruines – « Prière pour Palmyre, la musique redonne vie aux anciens murs »...

Mais justement.

Tout cela est affaire d'anciens murs, de ruines, de théâtre, de reconstitution.

Et le point commun à ces célébrations, c'est un côté mauvais décor, carton-pâte, détail qui fait vrai et, donc, faux, contrefaçon ; leur point commun c'est qu'elles font des époques et des lieux ainsi célébrés des objets morts, vidés de leur substance, où l'on ne sent plus rien ni du frémissement ni de l'énergie dont ils furent un jour irradiés – et qui n'ont, du coup, plus rien à dire aux peuples d'aujourd'hui.

On se découvre une frénésie bâtisseuse, mais dans le vide.

On monte un Disneyland de grands temples, de palais blancs aux mille pièces, de continents engloutis et retrouvés, d'immensités paysagères, de pyramides, de stèles, de galeries toujours plus secrètes, de mythes toujours plus mystérieux – mais les hommes qui contemplent tout cela y sont comme face à un mauvais tableau d'où on les aurait évincés.

Et si l'on y croise des peuples de derviches pittoresques, de crieurs huns, tatars ou boyards, de haschischins et de Vieux de la Montagne, si l'on y découvre des processions de popes faisant une traîne humaine et bigarrée à la suite d'un nouveau tsar, si tous les Palais des Congrès de la planète sont invités à accueillir des chœurs rouges, des ballets chinois, des danses de poignards persans ou des janissaires néo-ottomans censés représenter ce que les cinq Rois ont à offrir au monde de plus singulier et de plus précieux, il y a, dans ce Spectacle, l'exact dosage d'archaïsme surjoué et de sous-culture techno qui fait le kitsch, le toc et, en aucun cas, la mémoire vive.

N'a-t-on plus le droit, objectera-t-on, d'être persan, chinois, arabe, russe ou Soliman à la façon dont on l'entend ?

Si, bien sûr.

Mais l'être ainsi c'est n'être rien.

Réduire ce que l'on est à ces collections de clichés où, si diversement costumé que l'on soit, jamais l'iPhone dernière génération ne fera dépareillé, c'est se caricaturer.

Tomber dans cette surenchère muséale où la seule chose que l'on sache encore faire c'est, de l'objet à l'objet sans passer par le sujet, reproduire, en plus grand, en plus gros, en toujours plus dédoublé et boursouflé, ce que l'on a déjà fait et été, c'est succomber à une mémoire morbide et cannibale, funèbre et autophage.

Et cette façon de camper dans un désert où il ne reste personne pour réchauffer les paroles éteintes, cette volonté affichée d'offrir au Moloch de la mondialisation heureuse l'image de peuples historiques qui n'ont plus à montrer que ce qu'ils sont, qu'ils furent et qu'ils seront, cette répétition sans fin, cette autocélébration permanente, cette négation du pour-soi et cette réanimation désespérée de soi, cela n'est pas la vie ! cela a le parfum de la mort ! c'est le principe d'un dérèglement, d'un cancer, où ce sont les cellules de l'esprit qui sont devenues mortellement immortelles et qui, en se reproduisant follement, en se clonant, finissent par tout envahir et par frapper les âmes d'embolie.

L'Empire, d'accord, s'est évaporé.

L'idée d'Occident, devenue hâve, ingrate, inféconde, a commencé, c'est entendu, de fondre au soleil comme une vieille méduse.

Ou peut-être est-ce l'inverse et a-t-elle donné naissance à une totalité trop grosse et, donc, gélatineuse, flasque, avachie et était-ce une autre manière, pour elle, de défaillir et de se retirer.

Mais, quelle que soit la réalité, les cinq Rois n'en ont, pour le moment, pas totalement tiré avantage.

Ils n'ont pas encore trouvé les mots, ou les gestes, propres à saisir l'opportunité qui s'offrait à eux et à combler le vide.

Au lieu de ces chairs d'hommes, de ces corps

d'hommes, de ces âmes d'hommes dont se nour-
rissent les vraies grandes aventures politiques, ils
ont mobilisé des mannequins de podium, des
figures de cire, des spectres – et d'autres abs-
tractions, d'autres créatures mort-nées, d'autres
méduses déjà échouées, déjà défraîchies.

Royaumes zombies.

Empires fantômes.

J'appelle prédication, une parole soucieuse de
se hisser à hauteur d'universel.

J'appelle universels des mots capables d'être
entendus, non par cette nation-ci, ou par celle-là,
mais, comme s'il s'agissait de postulats d'une raison politique, par des peuples disparates.

Et j'appelle empire un espace métapolitique
susceptible d'être affecté, quand elle survient, par
la prédication de cet universel.

Eh bien les cinq ne sont, pour l'heure, pas au
nombre de ceux qui savent, peuvent ni même
veulent poser la question de l'universel, prédiquer, fabriquer de l'empire.

Ils sont des pouvoirs, bien sûr.

Ils règnent au canon, comme au Kurdistan, sur
leurs zones d'influence.

Ce sont des puissances de terre et d'acier qui
n'ont pas fini de semer, autour d'elles, la déso-
lation et la mort.

Et peut-être sont-ils même, pour longtemps,

semblables à ces « carcasses » dont Malraux disait, dans *Les Noyers de l'Altenburg*, qu'elles sont seules à maintenir « debout », au milieu de leurs « ruines », des « peuples somnambules ».

Mais la force, comme les ancêtres auxquels ils prétendent s'égaler, de légiférer l'âme des hommes, cela, ils ne semblent pas l'avoir.

Mais le grand geste du bras ou de l'âme permettant, pour l'asservir ou le sauver, de se saisir de tout l'humain, il n'y a rien dans leur immensité décongelée, rien dans leurs souvenirs de satrapes, de vizirs ou de faux tsars, qui les y dispose.

Ils règnent sur des théâtres d'ombres.

Ils ratent donc, selon toute vraisemblance, leur rentrée dans l'Histoire.

Et ils sont en train de retourner, provisoirement peut-être, dans les puits de bitume d'où Abraham leur avait donné une chance de s'extraire et de se sauver.

Pour leurs peuples, c'est terrible.

Car il y a là des foules qui ont pensé grand et rêvé haut.

Il y a là des civilisations qui avaient le légitime sentiment de n'avoir pas dit leur dernier mot et ne demandaient qu'à s'éveiller.

Il y a là des langues bien vivantes qui continuaient de battre, dans les corps des hommes non moins que dans celui des sociétés, comme le cœur de blessés qu'on oublie.

Et tout cela, la langue russe des âmes abandonnées de Gogol, le persan d'Omar Khayyam et des jours glorieux et enfuis du règne de Malik Shah, l'arabe des épopées étourdissantes du très méconnu Antar que Lamartine saluait encore comme l'équivalent d'Homère et de Socrate, les paroles de liberté que j'ai entendues sur les champs de bataille de la révolution libyenne ou chez les héritiers, à Moscou ou Shanghaï, des combattants russes et chinois contre le totalitarisme, tout cela qui était là, qui poussait dans la nuit et qui pensait l'heure venue de ressortir au grand jour, a été trahi, désavoué, achevé par les cinq Rois.

Pour ce qui reste de l'Empire, c'est l'inverse et c'est plutôt une bonne nouvelle.

Régner sur des spectres n'est pas régner, pense-t-on dans ces régions-là du monde.

Ces rois sont des tigres de papier, des roquets aboyant aux basques impériales – ce sont d'immenses roquets, bien sûr ; ce sont des continents entiers devenus roquets ; mais ce sont des roquets tout de même ; ce sont des roitelets braillards vomissant d'anciennes paroles, célébrant un peuple recuit mais incapables de lui réinsuffler vie.

L'idée, du coup, effleure que le vieil Hegel avait raison quand il voyait dans Rome, puis dans le monde chrétien germanique, puis dans l'empire napoléonien naissant, la fin de l'Histoire universelle et le dernier empire.

D'autres, ou les mêmes, se prennent à songer que le Maharal de Prague n'avait pas tort non plus quand il voyait en Edom le dernier mot de ce monde-ci.

Et j'ai même connu un néo-conservateur de Washington DC qui, un jour que nous nous querellions à propos de la guerre de Bush en Irak, me balança ce passage du Talmud, au début du traité Avoda Zara : nous sommes tous d'accord, y disaient en substance les rabbins, sur le fait que Rome doit tenir le monde jusqu'à la venue du Messie ; or voici que les nations se présentent pour le jugement et qu'elles arrivent en désordre, en grand et tonitruant tumulte, toutes dans leurs particularités, chacune dans sa chaotique et guerrière diversité ; voici que Dieu, qui déteste le désordre, se fâche, se gendarme et prie que l'on fasse paraître le roi, c'est-à-dire Edom, c'est-à-dire, encore une fois, Rome, en toute première position ; mais non, susurre alors Edom ; c'est moi qui, parce que je suis leur roi, leur ai ordonné de paraître ainsi ; c'est moi qui, du haut de mon absolue souveraineté, les ai autorisées, que dis-je ?

les ai exhortées à me défier ; vivez, ai-je dit à mes sujets, les nations, vivez, ébrouez-vous, comme si je n'étais pas là...

L'Empire, dans tous les cas, est content.

Peut-être a-t-il tort et est-ce de cette erreur que vient sa nouvelle façon de ne rien faire et de laisser venir : mais son jeu ne lui semble, en définitive, pas si mauvais et il peut, quoique évaporé, vaporisé, quasi néantisé, retourner dormir du sommeil de la victoire.

Quant à moi, mes sentiments sont mêlés.

Heureux, bien sûr, que ces cinq mauvais bergers puissent perdre la partie ; rassuré à l'idée que ces briseurs d'espoir, ou ces semeurs de mort, aient moins de chance qu'ils ne le croient de produire un discours capable de rivaliser avec celui des héritiers d'Athènes, de Rome et de Jérusalem ; et convaincu qu'une route, fût-elle de la soie, ne suffit pas à faire un empire car il y manque (et c'est heureux !) une parole qui draine toutes les paroles, une maîtrise qui invite à une aventure commune et la figure aux yeux de tous – il y manque, il y manquera toujours, cette prédication sur la colline qui est la prière des empires.

Mais je suis trop ami de ces peuples, j'ai trop donné de moi-même au combat de leur émancipation, pour me satisfaire de ce désastre et ne pas nourrir, comme eux, une forme de chagrin face à pareil gâchis. Ces films en honneur de l'événement kurde mais, avant cela, libyen... Ces livres où je me suis époumoné à dire l'austère dépouillement des principes de démocratie et de droits de l'homme et leur application toujours possible, en conséquence, aux contrées les plus apparemment exotiques et lointaines... Et puis les autres livres, ceux que je n'ai pas écrits mais qui m'accompagnent depuis mes vingt ans : les odes de Segalen à la beauté de l'Orient ; de Kessel à celle des cavaliers afghans ; Monfreid et son Harrar ; Malraux bien sûr et la Chine ; Lawrence et la noblesse de la nation arabe ; Soljenitsyne, chantre de la grandeur russe, que je ne regrette pas d'avoir nommé, il y a quarante ans, le Dante de notre temps ; que tout cela finisse, dans le meilleur des cas, en natures mortes et, au pire, dans la compromission de tout un peuple avec des meurtres minables dans le Donbass, avec les vociférations pathétiques d'un sultan de carnaval ou avec l'opération punitive menée contre une nation, la nation kurde, où s'est déposé un peu du sel de la terre, je ne m'y résous pas, c'est trop triste.

Et puis il y a, surtout, cette ultime et fondamentale inquiétude. Cette affaire de puits de bitume... Quand je dis qu'ils sont, mes cinq Rois,

retournés dans leurs puits de bitume, je pense
évidemment, une fois de plus, à ces sombres puits
du récit abrahamique dont Rachi confirme qu'ils
sont le contraire des puits d'eau vive creusés par
les patriarches. Je pense à ces gouffres de poix
noire dont Abraham se souvenait qu'elle servait
aux Egyptiens à enduire leurs momies – n'est-ce
pas monsieur Erdogan ? n'est-ce pas monsieur
Poutine qui comparez les restes de Lénine à la
relique d'un saint et vous grimez vous-même, de
cliché martial en vignette édifiante, en Highlan-
der momifié ? Je pense, encore, à la sorte de poix
dont les héritiers des héritiers d'Abraham verront
que l'on se sert comme d'un mortier pour assem-
bler les pierres qui tiendront elles-mêmes debout
l'affreuse tour de Babel. Mais je pense aussi – et
c'est, à cet instant, dans ma rêverie de midrachiste
sauvage, ce qui me terrifie le plus – à la poix qui
vient sous la plume de Nietzsche quand « les animaux » voient Zarathoustra « assis dans sa poix et
son malheur » et que Zarathoustra leur répond
qu'elle est, cette poix, comme « tous les fruits qui
mûrissent », qui rendent « le sang plus épais »
et font « l'âme plus silencieuse » ; je pense à la
poix de cette mémoire lourde et noire, répétitive
et morbide, qu'il appelle la mémoire antiquaire
et dont c'est trop peu dire qu'elle empêche les
hommes de vivre puisqu'elle fut aussi (il est le

premier à l'avoir prophétisé) ce qui a failli faire mourir l'Europe.

Car c'est bien là ce qui s'est produit.

Les Européens ont eu, également, leurs bataillons d'historiens et d'érudits.

Ils ont connu ce climat où les sciences du passé étaient reines, où le présent croulait sous la mémoire et où l'on avait, comme à Persépolis et Ankara, plus de souvenirs que si l'on avait mille ans.

Cet historicisme qui a atteint son sommet avec la science philologique, archéologique et philosophique allemande de la première moitié du XXe siècle, a été une passion européenne bien avant que turque, persane ou arabe.

Or on sait comment cela s'est fini : le jour où les « mauvais philologues » (Nietzsche encore) se sont mis à remplacer les « bons », le jour où la « brute blonde en quête de proie et de carnage » (Nietzsche toujours) s'est avisée de ramasser la mise et de transposer en politique les théories des savants, le jour où ce rêve indo-européen dont les premiers murmures avaient, de Stefan George à Rilke, inspiré jusqu'à la sincérité des poètes, le jour où tout cela entreprit de se traduire en monde réel, ce ne furent que défilés aux flambeaux, rituels de cruauté et équipes spéciales préposées à la gestion de la nuit et du brouillard...

Alors, bien sûr, on ne compare pas l'incomparable.

Mais, si de vrais savants ont pu avoir cet effet, si les travaux d'un Dumézil ont pu produire chez ses lecteurs l'idée d'une ascendance de substitution libérant enfin les hommes de la fatalité juive, si la découverte puis le transport à Berlin, par un grand archéologue, de l'autel sacré de Pergame a pu, soixante-dix ans plus tard, inspirer à un Hitler l'idée de le reconstituer à Nuremberg et d'y célébrer des messes noires pour peuples de surhommes, alors que dire des faux savants qui entourent nos cinq Rois ?

Je vois les spectres qui planent, tournoient, au-dessus de leurs têtes.

Je les vois qui attendent, comme tous les spectres, que l'heure vienne de reprendre consistance.

Levez-vous et marchez, leur ont dit les rois et leurs savants.

Sortez des limbes où le modernisme, l'occidentalisme, l'amour des libertés vous avaient injustement relégués.

Et, voyant et entendant cela, je pense irrésistiblement à ces djihadistes dont on m'a raconté, à Mossoul, qu'ils se mêlaient aux agonisants pour, dans certains quartiers que l'on pensait libérés, se relever comme des diables, couverts du sang des morts, hurlant et prenant les nôtres à revers ; je pense à ces morts-vivants qui, dans les enfers antiques, attendaient avidement les nouveaux arrivants afin de leur crever les yeux et de renouer avec eux le pacte fraternel de la terreur ; et je me dis que, même roquets, même zombies, même perdus pour l'empire et ses prédications, même retournés au fond de leurs puits de goudron d'où ils ne ressortent plus que pour de brèves incursions, ils peuvent faire, encore, beaucoup de mal et méritent d'être combattus avec toute notre force de vivants.

Épilogue

Où va la mer quand elle se retire ?

Nous en sommes là.

D'un côté, l'empire du Rien ; cet Occident qui ne sait plus ni qui il est ni ce qu'il veut mais qui, à force de ne rien savoir, a fini par démoraliser ceux qui, en son sein, croyaient encore ; cette terre du couchant qui, à force d'occuper la scène, à force de prêcher l'attente ou la révolte, la soumission ou l'espoir, la gloire du monde ancien et le goût de la révolution, a fini par n'être plus qu'une statue aux bras coupés et à la langue bâillonnée qui semble vouloir tomber, lentement mais inexorablement, comme, un soir d'hiver, une vulgaire statue de Lénine ou, tous les soirs, un crépuscule qui jette, en tremblant, ses derniers feux ; et l'Amérique, ce pays Idée, cette deuxième patrie de tous les hommes libres du monde, ce pays qui m'a toujours paru un bon et invincible Titan – n'y a-t-il pas lieu de craindre que, dans son acharnement à se proclamer jeune ou dans sa façon, à l'inverse, de se raccrocher, telle l'antique catin du poème, à la « sottise », à la « lésine », à la vulgarité d'un « savant chimiste » nommé Donald, elle ne tombe, pour de bon, de son piédestal ?

Et puis, de l'autre côté, les cinq Rois, pathétiques et redoutables, caricaturaux mais terribles, avec leur Histoire glorieuse et le désastre qu'ils en ont fait – et dans un cas, celui de la Chine, l'inéluctable ascension d'une puissance qui, si elle va au bout de ce qu'elle peut, signera, vraiment, la fin du monde d'hier.

Depuis le temps que je dis que le désert croît !

C'est ainsi, avec ces mots de Nietzsche, que j'entrais, il y a quarante ans, dans *La Barbarie à visage humain* !

Mais on ne sait pas toujours ce que l'on dit quand on le dit.

Est-ce moi qui, alors, arrive au moment de la vie où l'on commence de savoir ?

Moi qui sors de l'âge où l'on est trop occupé à jouer sa partition dans la grande sentence humaine pour pouvoir, de surcroît, entendre le son exact que l'on rend ?

Ou est-ce le son, et son inflexion, et le sens qu'il forme, qui deviennent, tout à coup, parce que le désert a encore crû, plus clairs et mieux lisibles ?

Maintenant, en tout cas, je sais.
Et c'est un spectacle affligeant.

1

Alors, face à cela, que faire ?

Face à ces royaumes du néant dressés contre l'empire du Rien, face à ce nihilisme au carré, cette surenchère kitsch, quel recours ?

D'abord, ne pas céder au découragement.

Ne pas tomber dans le piège de penser que lorsqu'on sait on ne fait plus.

Et ne pas faire comme ceux qui, autour de nous, disent que la partie est finie – la leur et, par contagion, celle du monde.

J'ai cité Spengler, et son « déclinisme » méthodique.

J'ai cité Hegel, et son « progressisme » savant.

J'aurais pu citer Vico, et cette troisième théorie que l'Histoire ni ne recule ni ne progresse mais tourne sur elle-même en une spirale sans fin.

Ce sont de beaux ouvrages.

Ils sont géométriques et poétiques.

Ils démontrent un peu, affirment sans cesse, conjecturent jusqu'à l'extase, interrogent jusqu'à l'agonie, et répondent, et concluent.

Mais on sait, aujourd'hui, qu'ils sont faux.

Tous ceux qui observent réellement l'Histoire, ou la font, savent qu'ils sont, comme aurait dit Rimbaud, semblables à des « peintures idiotes » tracées par des « mains à charrue ».

Et j'ai, moi-même, assez lu pour savoir qu'on peut construire des cathédrales de pensée, écrire des livres austères, granitiques, lumineux d'intelligence et de prescience, et voir toute cette architecture voler en éclats à cause du pas de côté d'un cheval romain qui affole les armées d'un général macédonien, ou de l'imprévisible Appel d'un autre général qui, vingt et un siècles plus tard, décrète que la France a perdu une bataille mais qu'elle n'a pas perdu la guerre, ou à cause de cet autre grain de sable, de cet autre caillou sur la route du Malin, à la lettre de cet autre *scandale*, qu'est, à l'été 2014, la détermination d'un général citoyen du Kurdistan qui, tandis que Daech déferle, que les amis de la liberté retiennent leur souffle et que le monde s'attend à voir les tueurs entrer à tout instant dans Erbil, organise la résistance et l'emporte.

Que faire, donc ?

Eh bien voilà.

S'arc-bouter à ce constat que les livres mentent quand ils soutiennent que l'Histoire a un sens, qu'elle va dans cette direction-ci ou dans celle-là, et que tous les fleuves vont à la mer.

Ne pas se résigner.

Croire à la vertu du grain de sable, de l'écart, de la parole ou du geste irréguliers, du scandale, qui, toujours, font dérailler le train de l'Histoire.

Ou à la force de la pensée qui n'en finit jamais, elle non plus, de déjouer sa propre inertie mécanique : Sartre, aveugle, découvrant qu'il n'avait pas si bien compris ce que ses livres canoniques prétendaient, avec tant de verve, avoir établi sans retour... Foucault, mourant, qui trouve le courage de réfléchir, enfin, sur le courage de la vérité... ou Titien qui n'a jamais été si jeune, qui n'a jamais étalé avec tant de violence et de volupté sa matière à même la fibre de la toile et à mains nues, que dans ce *Supplice de Marsyas*, baigné d'une lumière crépusculaire, et même déjà nocturne, que peinent à voir ses vieux yeux...

Le désert croît et je suis de peu de foi.

Mais l'une des choses que m'ont enseignées les décennies passées est que le dernier mot n'est jamais dit. Jamais. Et qu'un infime dérèglement peut toujours tout renverser.

2

Il faut, aussi, choisir.

Car je ne détesterais rien tant que de laisser

le sentiment, en finissant, de renvoyer dos à dos deux formes de nihilisme et de dévastation.

Entre l'Empire et les cinq Rois, il n'y a, qu'on se le dise, pas de comparaison ni de proportion.

Entre le Rien et le despotisme, entre, d'une part, la vie en vain, le ciel vide, réduit à un trou et, de l'autre, la violence nue, à l'air libre et généralement perpétrée au nom d'un ciel plein et mugissant ses semonces, il n'y a aucune équivalence possible.

Et il faut, pour affirmer le contraire, ne rien avoir appris des tragédies du XXe siècle et du début du XXIe.

Je m'en tiens à l'Occident parce qu'il y a un monde, il ne faut pas se lasser de rappeler cette évidence, entre totalitarisme et démocratie.

Je m'en tiens à l'Occident parce que le monde qui les sépare est celui qui ne permettra jamais de confondre « l'assassinat considéré comme un des Beaux-Arts » (Thomas De Quincey – formule du meurtre d'Etat mûrement, systématiquement et parfois, en effet, artistiquement planifié) et « la filouterie considérée comme une science exacte » (Edgar Poe – livre parodique du premier et qui, s'ouvrant sur une évocation de... Jeremy Bentham, peut être lu comme une hilarante et sinistre anticipation de l'escroquerie au bonheur panoptique).

Je m'en tiens à l'Occident parce que tel est le paradoxe que, même dans les âges barbares que le visage humain de l'Europe a engendrés, c'est encore là, sur ces terres-là, et, notamment, en Amérique, que le souvenir restait le plus net de ce qui en était l'antidote ; parce que, même quand le brouillard et la nuit tombaient, épais, fétides et sans éclaircie, c'est encore là que brillaient, comme des perles de rosée, les pensées, les poèmes, les énigmes, dont on pouvait s'armer pour contre-attaquer ; et parce que le vent du soir a beau, de nouveau, se lever sur les terres occidentales, la bourrasque souffler et paraître chasser, tels des pollens et des poussières d'étoile, ce qui reste d'espoir, c'est toujours là, sur ces deux continents, en Amérique et en Europe, que se trouvent le plus grand nombre de résistants, de logique et de foi, résolus à ne pas les laisser filer – et écrire ton nom, Liberté.

Et en douterait-on que j'adjurerais que l'on m'entende une dernière fois quand je dis ceci : j'ai passé presque autant de temps à courir le monde qu'à lire et écrire des livres ; je suis allé à Sarajevo, Erbil, Benghazi ou dans le delta du Gange ; je suis retourné à Harrar, à Aden-Arabie et dans le pays du Touran ; et, s'il y a une chose que j'y ai apprise, c'est que, quand la mort reprend son ouvrage, quand on recommence d'y tuer comme on déboise, quand une tête d'homme n'y a, comme disait Hegel, pas plus de valeur qu'une tête de chou, c'est plus que jamais là, vers l'Occident, que se tournent les condamnés – non parce qu'il est le plus riche (il ne l'est plus !), non parce qu'il est le plus fort (on y a si peur de la force qu'on en est affreusement économe) mais parce que c'est le seul lieu du monde où l'on se souvienne que, lorsqu'on frappe un homme, c'est l'humanité entière qu'on jette à terre.

Alors, même si l'on est de peu de foi, il faut prier pour l'Empire.

Désert ou non, il faut former le vœu qu'après Romulus Augustule revienne Auguste.

Un homme, une étincelle, un accident, peuvent dérouter le cours des choses – espérons qu'au chant du cygne et aux marches funèbres, succède, comme le voulait Socrate, un beau chant du coq convoquant le retour du matin.

3

Il faut, par voie de conséquence, ne surtout pas transformer cet affrontement de l'Empire et des cinq Rois en guerre des civilisations.

Ou alors oui, mais ce sera, comme j'ai tenté de le dire tout au long de ce livre, une tout autre guerre, entre des civilisations entendues en un tout autre sens : la société, d'un côté, des amis du crime et des tyrans – et celle des autres, leurs sujets, leurs possibles victimes, qui sont nos frères en esprit et avec qui il faut, nonobstant les frontières, les souverainetés et même, parfois, le droit international, déployer, partout, sans faux-fuyants ni faiblesse, des chaînes d'ingérence et d'amitié.

Chaînes contre chaînes...

Les chaînes de la solidarité contre les chaînes de la servitude...

La fraternité des ébranlés contre la sainte alliance des monstres froids et des tartuffes...

Quand je regarde en arrière, je pense que d'avoir posé ce principe simple, d'avoir affirmé, contre vents et marées, que la liberté n'avait pas de frontière et qu'aucun souverainisme ne devait nous empêcher de porter secours à des hommes en péril dont les maîtres confondent le droit des peuples à disposer d'eux-mêmes avec le droit à disposer des peuples, est ce que ma génération a fait de meilleur.

Il y avait dans ces engagements, je l'ai dit, un goût de l'aventure.

Il y avait, dans ce patriotisme de l'autre homme, un reste, le seul, du plus beau vers du chant d'Eugène Pottier : « l'Internationale sera le genre humain ».

Sans doute y avait-il aussi l'idée qu'il fallait

sortir, à tout prix, de cette Europe où Hitler avait
été possible et sortir aussi, quitte à tout foudroyer,
de l'impasse nauséeuse où était parvenue l'histoire de la métaphysique.

Sans doute encore, chez d'autres, ou les mêmes,
l'idée que le conflit de l'Est et de l'Ouest était
une guerre fratricide, une guerre de sécession
européenne, dont on ne pouvait s'échapper que
par le sud ou l'extrême est – Leiris et l'Afrique
fantôme... les sables arabes de Lawrence... ou le
rêve chinois devenu cauchemar chez les jeunes
maoïstes français...

Et peut-être, encore, la volonté de voir se com-
pliquer un monde dont je ne me résignais pas, à
20 ans, partant pour les rizières du Bangladesh,
à ce qu'il se résume au choc de deux idéologies
conçues, à quelques pâtés de maisons près, non
loin de Hyde Park Corner, par une poignée de
banquiers londoniens et un théoricien de la lutte
des classes tirant le diable par la queue.

Je ne regrette rien de cela.

Je ne regrette rien, non plus, de la geste de
cet « intellectuel engagé » dont je vois bien que
la figure est, aujourd'hui, en voie de déshérence
mais qui avait tellement plus d'allure que celle
de Vladimir et Estragon chantant l'absurde et
l'errance à côté d'un arbre mort.

Et cette histoire d'hier me semble, pour tout

dire, si fidèle au génie et aux lumières de l'Europe que c'est avec elle que j'aimerais aujourd'hui que l'on renoue.

Contre Erdogan, avec les amis turcs.

Contre Poutine, Xi Jinping, Khamenei ou les rois saoudiens, aux côtés de leurs peuples, même et surtout si ceux-ci sont trop faibles, ou trop terrifiés, pour nous solliciter.

Ce matin par exemple.

Ce mercredi 31 janvier 2018, je regarde mon courrier, les nouvelles et les journaux que je lis encore.

J'y découvre une jeune Iranienne qui défile, tête nue, son voile à bout de bras, agité comme une dépouille, dans les rues de Mashhad.

Un intellectuel turc emprisonné parce qu'il a osé écrire, dans un samizdat stambouliote, qu'Erdogan était un clown.

J'y lis que le Tribunal pénal spécial, à Riyad, condamne à quatorze et sept ans de prison deux activistes des droits de l'homme, Mohammed al-Otaibi et Abdullah al-Attawi.

J'y lis encore que Yu Wensheng, avocat à Pékin, a eu l'insigne audace de dénoncer la corruption au pays du nouveau mensonge déconcertant et a été arrêté, par un escadron de policiers en armes, sur le chemin de l'école où il accompagnait son petit garçon.

Et j'y apprends que Grigory Yavlinsky vient de déclarer que, puisque Boris Nemtsov est mort, que Alexeï Navalny est en prison et que les autres opposants ne se portent pas non plus très bien, c'est lui, Juif ukrainien, opposé à l'annexion de la Crimée et opposant à la guerre de Tchétchénie, qui souhaite relever le défi de se présenter contre Poutine.

Vingt-quatre heures dans la vie du monde, et ils sont tous là.

Les opposants, les victimes et futures victimes des cinq Rois.

Eh bien c'est avec eux, ensemble, que je souhaite conclure.

Et c'est à eux, tous, que je veux dédier ce livre qui s'achève.

4

Et puis, je veux le dédier aux Kurdes.

Ceux d'Irak et ceux de Syrie.

Ceux que je ne me console pas d'avoir laissés derrière moi, un soir d'octobre, tandis qu'ils entraient dans la nuit et se préparaient, s'il le fallait, à retourner dans leurs montagnes – et ceux que je ne me résous pas à voir écrasés à Afrin.

Je veux le dédier à Barin Kobané, cette jeune

combattante des YPG dont je viens de voir surgir, aujourd'hui aussi, sur les réseaux sociaux, mais oui ! le portrait lumineux – et puis, une image plus loin, son corps affreusement mutilé : des miliciens islamistes à la solde d'Erdogan rouent de coups de botte, face à la caméra qui tourne, sa poitrine nue et encore sanglante.

Et je veux le dédier aux compagnons d'armes de Rebin Rozhbayane, ce petit frère d'Erbil : Dieu sait si je n'aime pas distribuer du « frère » à tout-va – mais il est difficile de faire autrement quand un homme vous a, seul, dans un véhicule blindé, trois heures durant, sous les tirs sporadiques des snipers de Daech, accompagné et protégé de Fazlya en feu à Nawaran ; quand vous avez, avec Gilles, Camille Lotteau, votre chef opérateur et lui, passé des heures interminables, confiné dans une carcasse d'acier, à vous perdre dans la plus baroque des discussions sur le bien-fondé de l'engagement libyen, le concept de guerre juste et les idées de Noam Chomsky ; il est presque impossible de ne pas dire « fraternité » quand vous avez retrouvé le même homme, quelques mois plus tard, aux Nations unies, à New York, partagé entre la honte d'être le commandant qui, à Kirkouk, a donné, pour épargner la vie de ses soldats, l'ordre de se replier et l'honneur d'avoir été, le surlendemain, celui qui, à Altun Kupri, est monté, avec une folle audace, à l'assaut du char Abrams dont la destruction allait décider les Irakiens à battre en retraite – et quand, là, ce jour-là, au terme d'une nouvelle et très longue discussion, vous avez eu le sentiment d'avoir un peu contribué à le convaincre que l'honneur l'emportait sur la honte et qu'il devait renoncer à la funeste idée, comme les généraux vaincus de Sparte, de se faire justice.

Pourquoi y a-t-il des Kurdes plutôt que rien ?

Comment peut-on être kurde quand tout vous enjoint de vous ranger derrière l'une des bannières, ou de l'Empire, ou des cinq Rois ?

C'était déjà l'énigme vivante qu'incarnait le peuple juif aux yeux des inventeurs des Etats-nations et, en particulier, de Hegel.

C'est le mystère d'exception qui scelle, entre les peuples juif et kurde, cette obscure communauté qui rendait Erdogan et ses semblables fous.

Et c'est une autre des raisons qui m'ont fait m'attacher ainsi à eux.

J'ai toujours chéri les peuples en trop.

J'ai toujours admiré les peuples solitaires, campant à part des nations et, avec leur nuque raide et leur dur désir de durer, empêchant le grand dénombrement de tomber juste.

Jadis, le Bangladesh, mi-hindou mi-musulman.

Puis les Bosniaques, musulmans et en Europe.

Plus tard, ces damnés de la guerre, morts sans nom, sans tombe et sans nombre dont la mise à part m'a inspiré un livre.

Aujourd'hui, les exilés des terres barbelées que l'on appelle, improprement, migrants et vis-à-vis desquels nous avons un devoir moral d'hospitalité et de secours.

Et, donc, les Kurdes, tous les peuples kurdes, qui sont comme le paradigme de cela.

Si vraiment le Messie réside, comme dit le prophète Elie à Rabbi Yehoshua ben Levi, aux portes de Rome, parmi les mendiants malades, pourquoi pas ici, parmi ces Kurdes ?

Si réellement il se reconnaît, comme me l'a confié Elie Wiesel, au fait qu'il est le seul qui, lorsque c'est l'heure, pour les mendiants, de refaire leurs bandages, remet les siens toujours très vite, sans prendre le temps de tous les changer, car il doit être prêt, si la convocation arrive, à se mettre aussitôt en marche pour sauver son peuple et le monde, comment ne pas songer à cette blessure toujours béante, et saignante, dont Sirwan Barzani m'a dit un jour qu'elle était la plaie du destin kurde ?

Et s'il y a une Internationale du droit et du juste, comment ne pas y compter d'abord ces incomptés, ces hommes et femmes à part ? comment ne pas se souvenir que « mis à part » est l'un des mots qui, en hébreu, disent la sainteté et que c'est donc par eux, par ces mendiants de l'équité et du droit, qu'il fallait commencer et qu'il faut, maintenant, finir ?

Je suis de peu de foi – mais je crois que ces estropiés de la grande Histoire, ces éternelles victimes à la mort apparemment sans portée, ces éclopés célestes et magnifiques, sont un peu de la noblesse du monde.

5

Et puis il faut revenir en Europe.

Je sais que ce n'est pas du tout le sens de l'Histoire et que le voyage d'est en ouest, celui qui a mené les rescapés de Troie jusqu'aux rives de l'Italie, puis les éclopés d'Europe jusqu'à celles de l'Atlantique est, par définition, un voyage sans retour.

Mais Enée y songea bien, quand il arriva en Crète et que la peste frappait, non seulement ses compagnons, mais tous les champs labourés.

Puis, apeuré, presque à bout, au moment du passage entre Charybde et Scylla.

Puis, en Sicile, au pied de l'Etna, et de la caverne du Cyclope.

Quand il n'y pense pas, c'est la déesse qui y pense pour lui en adjurant Jupiter, s'il ne peut rester en Italie, de lui accorder de faire retour vers Troie.

Et n'ai-je pas dit que, de toute façon, l'Histoire n'a pas de sens et que, même si elle en avait un, il ne saurait être imposé aux hommes avec la force d'un destin.

Là, il y a urgence.

Le désert ne cesse de croître.

Les cinq Rois bombent le torse tandis que l'Aigle, là-haut, lance encore, de temps à autre, son trait strident et formidable, tout en battant faiblement de l'aile.

Et, dans le terrain vague que sera demain le monde, les persécutés, les humiliés, les damnés, se croiseront, en tous sens, comme des petits vaisseaux fantômes.

Alors, face à cela, et derechef, on fait quoi ?

On espère, sans trop y croire, une Chine se remettant, avec ses jonques d'acier, dans le sillage des flottes de l'avisé Zheng He, amiral des mers de l'Ouest, et inventeur d'expéditions pour la gloire et non pour la conquête.

On a foi – et, encore une fois, pourquoi pas ? – en un regain de l'Amérique allant puiser en soi, aux sources vives de son ancienne prédication devenue presque inaudible, la force de se redresser et de reprendre toute sa place dans le concert des grandes nations.

Mais, deux précautions valant mieux qu'une et cette source où l'Amérique doit puiser étant la part, en elle, de l'Europe, je propose *aussi* de tenter le voyage retour, de projeter une Enéide à l'envers et de remettre de la vie dans le corps exsangue d'Edom et de Rome.

Oh ! pas forcément un corps énorme, ni un monstre conquérant, ni un aspirant de plus à l'empire universel.

Mais une unité politique digne de ce nom, qui aurait la masse et la puissance suffisantes pour faire équilibre au bloc des Cinq.

Mais une autorité retrouvée qui permettrait, quand on supplicie les Kurdes, de parler d'une seule voix et de tenir la dragée haute à Erdogan, Khamenei et leur allié Poutine.

Mais aussi cet art d'aimer et d'être séduit, cette habitude de la flânerie et de la lecture dans les cafés, cette façon, louée par Dante et Baudelaire, de construire, réparer et habiter les villes, cette ivresse d'une parole (les langues d'Europe, dans leur fond le plus pur, n'ont jamais rien été d'autre que cela) qui fait la découverte simultanée du désert et du bonheur de le remplir d'un chant, ce goût d'un beau « maintenant » qui, comme pourrait le répondre la cigale à la fourmi de la fable, est, quand il s'offre à la prise, une richesse presque parfaite – mais aussi, donc, cet art et ce goût qui furent la voix, le parfum et la couleur de l'Europe.

On le retrouvera, ce « maintenant », dans la main tremblante de Giacometti, dans la main dansante de Léonard, dans la main à plume-charrue de Rimbaud, dans la main à mots de Proust, cet Européen empêché, dans la main à dérision de Kafka, de Joyce, mais aussi de Fellini.

On en aura quelque idée si l'on consent à se replonger dans le projet de Franz Werfel, en pleine montée du nazisme, d'une « Académie mondiale des poètes et des penseurs » qui, à elle seule, ferait barrage au pire ; ou dans les tribulations, huit siècles durant, jusqu'à nous, du manteau de François d'Assise ; ou dans n'importe quel commentaire du Talmud allant à la recherche d'une aiguille de sens dans la botte de foin du monde.

Et je l'ai vue, pour ma part, cette richesse de l'esprit, dans l'œil mort du vieux Sartre qui pétillait encore d'aise quand il avait l'occasion de n'en penser pas moins en serrant la main de Giscard d'Estaing ; ou dans le regard de Benny Lévy ouvrant une page du Zohar pour me montrer malicieusement que je n'y étais pas ; ou sur le visage du commandant Massoud qui, au sortir de la prière, dans la maison à thé de son village du Panshir, ouvrait une anthologie de poésie française pour y déchiffrer le futur de son peuple

– signe que l'Europe est, décidément, une Idée autant qu'une région du monde !

C'est cette Europe Idée qu'il faut.

C'est cette idée d'une Europe comprise comme patrie de l'Idée, donc de l'universel, donc de la liberté, que l'Empire a permise mais qu'il semble, désormais, dédaigner et, peut-être, empêcher.

C'est cette sublime idée par exemple, absolument fille d'Europe, qu'on est fils de l'Idée avant d'être fils d'une nation, d'une portion de nature ou d'un lieu de naissance – et il conviendra d'opposer cette sublimité, front contre front, aux constructions identitaires, mortifères, suicidaires, du roman national en vigueur chez les cinq Rois et presque partout ailleurs.

L'Europe comme une nouvelle frontière, offerte à la maison des peuples.

Rimbaud qui, sa journée faite, cinglerait vers l'Europe, ce vieux continent du futur, avec, dans ses bagages, toute la misère du Harrar.

La nôtre, notre journée, sera faite, le jour où de « grands Européens » auront su se dresser, relever l'étendard humilié d'Erasme, Goethe, Husserl, Périclès et Václav Havel et retrouver, non l'éternité, non l'aube d'été, mais le corps présent, vivant, vibrant, de l'Europe.

Alors, ce corps fera rêver les Européens désenchantés que nous sommes tous devenus.

Épilogue

Alors, à la pointe d'un bien-dire, d'un bien-faire, d'un bien-prier ou d'un bien-danser qui sont une autre définition de cette Europe, viendront des moments de grâce et d'affirmation dont le monde était en train de perdre jusqu'au souvenir.

Et alors, dans le reste de l'Empire, les orphelins de Virgile verront qu'ils ne sont pas si seuls qu'ils le craignaient ; au cœur des cinq royaumes, ce sera comme un grand souffle faisant trembler les bases d'un monde dont les maîtres se voyaient déjà en héros d'une Histoire universelle remise en mouvement ; et, dans le reste de la planète, dans les terres oubliées et de l'Empire et des cinq Rois, il sera dit qu'il y a, là-bas, au cap du vieux continent, une princesse des affligés qui n'offre pas seulement un asile mais une patrie intérieure à tous les hommes épris de fraternité et de liberté.

Pour ceux qui, parmi nous, se désolent – ou s'honorent – d'être de peu de foi, ce sera un don inespéré du ciel et de la terre.

TABLE

Prologue. Sur des pattes de colombe, les Kurdes   7

PREMIÈRE PARTIE
DERNIÈRES NOUVELLES DE L'EMPIRE

1. *Le fantôme de Hegel*   29
2. *Comment la parole vint à l'Amérique*   43
3. *Si je vous oublie, Jérusalem, Enée, Virgile*   59
4. *Jeremy Bentham et la Toile.*   81
5. *Ainsi parlait l'empire de l'Œil et du Rien*   107

SECONDE PARTIE
CINQ ROYAUMES À L'OFFENSIVE

1. *La terre a tremblé au Kurdistan*   133
2. *Le piège d'Hérodote*   153
3. *Dante, Abraham et la guerre des cinq rois*   179
4. *La vague brune*   207
5. *Le bal des spectres*   235

Épilogue. Où va la mer quand elle se retire ?   263

DU MÊME AUTEUR *(suite)*

Beaux-Arts
FRANK STELLA, La Différence, 1989.
CÉSAR, La Différence, 1990.
PIERO DELLA FRANCESCA, La Différence, 1992.
PIET MONDRIAN, La Différence, 1992.
LES AVENTURES DE LA VÉRITÉ, Grasset/Fondation Maeght, 2013.

Questions de principe
QUESTIONS DE PRINCIPE I, Denoël, 1983.
QUESTIONS DE PRINCIPE II, Le Livre de Poche, 1986.
QUESTIONS DE PRINCIPE III, *La suite dans les idées*, Le Livre de Poche, 1990.
QUESTIONS DE PRINCIPE IV, *Idées fixes*, Le Livre de Poche, 1992.
QUESTIONS DE PRINCIPE V, *Bloc-notes*, Le Livre de Poche, 1995.
QUESTIONS DE PRINCIPE VI, *avec Salman Rushdie*, Le Livre de Poche, 1998.
QUESTIONS DE PRINCIPE VII, *Mémoire vive*, Le Livre de Poche, 2001.
QUESTIONS DE PRINCIPE VIII, *Jours de colère*, Le Livre de Poche, 2004.
QUESTIONS DE PRINCIPE IX, *Récidives*, Grasset, 2004.
QUESTIONS DE PRINCIPE X, *Ici et ailleurs*, Le Livre de Poche, 2007.
QUESTIONS DE PRINCIPE XI, *Pièces d'identité*, Grasset, 2010.
QUESTIONS DE PRINCIPE XII, *Début de siècle*, Le Livre de Poche, 2013.
QUESTIONS DE PRINCIPE XIII, *Qui a peur du XXIe siècle*, Le Livre de Poche, 2016.
QUESTIONS DE PRINCIPE XIV, *L'Œil du cyclone*, Le Livre de Poche, 2018.

Chroniques
LE LYS ET LA CENDRE, Grasset, 1996.
COMÉDIE, Grasset, 1997.
ENNEMIS PUBLICS *(avec Michel Houellebecq)*, Flammarion/Grasset, 2008.

Composition et mise en pages
Nord Compo à Villeneuve-d'Ascq

Cet ouvrage a été achevé d'imprimer sur Roto-Page
par l'Imprimerie Floch à Mayenne
pour le compte des Éditions Grasset
en avril 2018

Grasset s'engage pour
l'environnement en réduisant
l'empreinte carbone de ses livres.
Celle de cet exemplaire est de :
800 g éq. CO_2
PAPIER À BASE DE   Rendez-vous sur
FIBRES CERTIFIÉES   www.grasset-durable.fr

N° d'édition : 20449 – N° d'impression : 92661
Dépôt légal : avril 2018
Imprimé en France